UWE BIRNSTEIN

»HALLELUJAH«, LEONARD COHEN!

Uwe Birnstein

Wie Leonard Cohen
Gott lobte,
Jesus suchte und
unsere Herzen berührt

»HALLELUJAH«, LEONARD COHEN!

VERLAG NEUE STADT   MÜNCHEN · ZÜRICH · WIEN

Klimaneutral durch CO_2-Ausgleich. Weil jeder Beitrag zählt.

MIX
Papier
FSC FSC® C083411

CPI klimaneutral
Mehr Bäume. Weniger CO_2

www.neuestadt.com/de/produktsicherheit.html
Verlag Neue Stadt GmbH, Münchener Straße 2,
D-85667 Oberpframmern
verlag@neuestadt.com · Tel. + 49 (0) 8093 2091

2025, erweiterte und aktualisierte Neuausgabe (Erstausgabe 2020)

Umschlaggestaltung: Stefan Weigand (wunderlichundweigand.de)
und Neue-Stadt-Grafik
Satz: Neue-Stadt-Grafik
Druck: CPI books GmbH, Leck

ISBN 978-3-7346-1364-7

neuestadt.com

Inhalt

Prolog

„Jesus was a sailor." Das hatte ich noch nicht gehört. Dass Jesus auf einem hölzernen Turm Ausschau nach Ertrinkenden hält und sie erlöst, steht nicht in der Bibel. Da sang einer mit berückend knarziger Stimme von Jesus, der ein „Sailor" gewesen sei und – wie mysteriös! – „broken" war: „gebrochen". Mein jugendliches Seelchen ahnte die Botschaft. Zumal diese Jesusgeschichte eingebunden war in eine betörende Liebesgeschichte um „Suzanne", die „Lumpen und Federn" aus der Kleiderkammer der Heilsarmee trug, Tee und Orangen aus China verteilte und offensichtlich ziemlich erotisch wirkte.
Der Song setzte mein pubertäres Kopfkino in Gang. Wie ist das mit der Liebe? Aber auch die Frage nach Gott trieb mich um. Ich kaufte mir die Platte – auf dem Cover ein irgendwie besorgt dreinschauendes Männergesicht. So sah er also aus, dieser Sänger, der von Suzanne und Jesus schwärmte. Seinen Song zupfte ich inzwischen auch auf meiner Gitarre. „Suzanne" katapultierte meinen Glauben in ungeahnte Tiefen. Da gibt es etwas, das mein Leben sehr betrifft. Und dieses Unfassbare begann sich mir durch Poesie und Musik zu erschließen. So setzte sich das in Bewegung, wofür ich später den Begriff Spiritualität

kennenlernte. Und dann hörte ich Leonard Cohens Halleluja – jene Hymne auf die Liebe, ein Loblied auf die Lust als Gottesgeschenk. Der Song wird auch von Menschen gesungen, die mit herkömmlichen Formen von Frömmigkeit wenig anfangen können; denen das gelehrte Predigen über den Glauben zu oberflächlich ist; denen die in Synagogen, Kirchen und Moscheen zu litaneiartigen Gesängen geronnenen Gebete zu leblos wirken. „Hallelujah" wird gehört und gesungen von jenen, die in einem ganz unmittelbaren Sinne fromm sind. Egal, ob sie jüdischer, christlicher, muslimischer Herkunft sind. Die ahnen: Geht es um Gott, sind die Gefühle gefragt. Das Heilige bahnt sich seinen Weg in unsere Herzen nicht durch den Kopf, sondern durch alle Sinne, durch das „Gefühl schlechthinniger Abhängigkeit" (Friedrich Schleiermacher). Was wesentlich ist, muss durch das Leben, die Liebe und den Schmerz geläutert werden. Das Halleluja(h), das sich so kristallisiert, ist kein reines, schönes, es ist vielmehr ein gebrochenes Gotteslob, denn es hat die Abgründe des Menschen durchschritten. Das alles schwingt mit in Leonard Cohens „Hallelujah". Deshalb erträgt das Lied auch musikalische Verkitschungen, seichte Neutexte und schlechte Coverversionen.

Nur ein Mensch, der versucht, den eigenen Sehnsüchten und Abgründen ehrlich auf die Schliche zu kommen, kann ein derart berührendes Lied schreiben. Leo-

nard Cohen kannte die eigenen Dunkelheiten und die der Welt. Er war überzeugt: Allein die Sprache der Poesie kann die Geheimnisse des Glaubens angemessen beschreiben. Er ahnte etwas von dem Licht Gottes, das in jedem Menschen, ja in der ganzen Schöpfung scheint. Auch kannte Cohen die vermeintliche Widersprüchlichkeit des Heiligen, das zugleich „Faszinosum" und „Tremendum" ist, zugleich fasziniert und vor Furcht erbeben lässt. Cohen hatte Ehrfurcht vor der Macht des Heiligen, die so unbegreiflich groß ist, dass seine jüdische Heimatreligion den Namen Gottes traditionell nicht nennt. Cohen wahrte den Respekt vor der Religion, in der er sich als Kind dem Heiligen genähert hatte: dem jüdischen Glauben. Zeitlebens ist er ihm treu geblieben, hat dabei aber in großer innerer Freiheit und ohne Angst auch andere religiöse Wege geprüft. Er hat das Tröstliche des Buddhismus entdeckt, das seiner aufgescheuchten Seele Frieden schenkte; und das Barmherzige des Jesus von Nazareth, das ihn nicht an der ignoranten Oberflächlichkeit der Welt zerbrechen ließ.
Am Ende seines Lebens hat Cohen mit einem jüdischen Totengesang bezeugt: Auch wenn Religionen das Heilige nur bruchstückhaft erkennen, auch wenn sie sich mitunter in überkommenen, langweiligen Ritualen ergehen: Die eigene religiöse Tradition ist wichtig. Sie aus Kritik an einzelnen allzu menschlichen Auswüchsen zu verlassen, wäre kleingeistig.

Der jüdische Glaube hat Cohen durchs Leben begleitet. Er war der Schatz, aus dem er lebenslang schöpfte. Der ihm Kraft schenkte, Drogenexzesse und Depressionen, Liebesschmerzen und Irrwege zu überstehen. In David, dem singenden, poetischen und liebestrunkenen König Israels, der mit Musik böse Geister vertreiben konnte, fand Cohen einen biblischen Seelenbruder. Davids Ausgeliefert-Sein an die Begierde machte er zur Grundgeschichte im Song „Hallelujah“. Cohen verwebte sie mit eigenen Liebeserfahrungen. Er sprach aus, was viele Menschen empfinden, aber nicht beschreiben können.

Ein Heiliger war Cohen nicht, wohl aber ein Vorbild. Er blieb sich und seinen Wurzeln treu, suchte mit unbändiger Neugier neue Erfahrungen, überschritt dabei auch moralische und andere Grenzen der Konvention. Er überstand tiefe Krisen und Abstürze, die er am Ende seines Lebens mit einem Augenzwinkern Revue passieren ließ, ohne sie zu verleugnen oder zu verniedlichen. Seine zynischen Anwandlungen, die depressiven Phasen und seine mitunter seltsame Suche nach Liebe und Spiritualität wichen im Alter der Weisheit eines gestandenen Mannes, der trotz aller Zweifel nie den Respekt vor dem Göttlichen verlor.

„Leonard Cohen ist nicht tot. Er ist nur mal kurz weggegangen." So überschrieb die Süddeutsche Zeitung anlässlich Cohens 90. Geburtstag einen des Lobes vollen Beitrag. Acht Jahre nach seinem Tod ist klar: Leonard Cohen ist tief verwurzelt in der heutigen Gefühlswelt und in der Popkultur. Die deutsch-kanadisch-norwegische Drama-Serie „So long, Marianne" setzte die Liebe von Cohen und Marianne Ihlen in acht Folgen grandios in Szene. Die Produktion zeigt auch die depressive, betörende und verstörte Seite Cohens.

Erfolgreich ist auch der dokumentarische Kinofilm „Hallelujah – A journey. A Song". Er zeigt bislang unbekanntes Archivmaterial und Interviews mit Zeitzeugen und -zeuginnen. Songpoet Cohen habe ihr dabei geholfen, „jung und gläubig zu sein", sagt Singer-/Songwriterin Brandi Carlile. Judy Collins, die an Cohens Wandlung vom Dichter zum Sänger entscheidenden Anteil hatte, meint: Cohens Leben „geht so tief und berührt die eigene spirituelle Reise so sehr, dass man von seiner Reise profitiert". Die Lebensgeschichte Cohens mit all ihrer Brüchigkeit berührt die Seele und das Lebensgefühl unzähliger Menschen, auch jener, die in den Kirchen keine Antworten auf ihre Gottes- und Lebensfragen finden.

Sogar politische Kommentatoren entdecken die heilende Kraft Cohens. Kriege, Klimawandel, wiedererstarkender Nationalismus, Krankheiten und Hungersnöte: Angesichts der dunklen Weltlage greifen sie häufig zu einer Zeile aus Cohens Lied „Anthem": „There is a crack in everything, thats how the light gets in“. Poesie goes Politics. Das ist selten.

Dieses Buch ist keine Biografie. Es geht der Frage nach: Wie schlug sich der Glaube Leonard Cohens in seinen Texten und in seinem Leben nieder? Lebensstationen Cohens schildert es nur, wenn sie darüber Aufschluss geben. Es ist geschrieben in großem Respekt vor dem Lebenswerk Leonard Cohens – und im Angesicht der Möglichkeit, einige Zusammenhänge zu missdeuten.

Worte, wie sie in diesem Buch stehen, können nur auf die spirituelle Seite der Lieder Cohens hinweisen. Sie analysieren die Texte der Songs, in denen Cohen Fragen nach dem Letzten stellt: nach der Liebe, nach dem Sinn des Lebens und Sterbens, nach dem, was da hinterm Horizont auf uns wartet. Der Text ist natürlich wichtig, aber die Musik ist mehr als nur Verpackung oder Zugabe. „Wenn sich ein Text mit Musik verbindet, ereignet sich Magie“: Diese Ansicht Bob Dylans teile ich. Musik erreicht auch mein Herz in Regionen, die für bloße Worte unzugänglich sind. Das kann überall und jederzeit geschehen: zu Hause, in der Kirche, im Club, im Konzert – und auch per Kopfhörer beim Joggen. Ein Verstanden-Werden. Ein Gefühl der Verbundenheit mit allem, ein Mitschwingen mit dem ganzen Kosmos. Ein Halleluja, das über allen Grenzen, auch über denen der Religionen, schwebt.

Unsere Zeit braucht Menschen, die angstfrei und selbstbewusst auf das Fremde, Neue zugehen. Wir brauchen Menschen, die ihre religiösen Wurzeln als lebensstärkenden Schatz erkennen und die nicht irrewerden an den verzerrten Formen des Glaubens, wie sie sich in fundamentalistischen Gruppierungen quer durch alle Religionen finden. Das ist eine Voraussetzung für einen Frieden stiftenden Dialog zwischen Menschen unterschiedlichen Glaubens und unterschiedlicher Kultur.
Sich mit Leonard Cohens Werk und mit seinem Leben zu beschäftigen, weitet den eigenen Horizont. Es ermutigt dazu, sich selbst auf den Weg zu machen zum Göttlichen, ohne Ängste, Vorschriften und Scheuklappen. Cohen nutzte die schönen Künste – Literatur, Musik, Bilder – als Tore in die Welt des Heiligen. Sein frommer Eigensinn ermutigt, den eigenen Weg zu finden und die Macht des Heiligen selbst zu entdecken – nicht nur in Gotteshäusern, sondern im eigenen Alltag, im Leben, in den eigenen Sehnsüchten, in Leib und Seele.
„Halleluja!" – „Gelobt sei Gott!" Wofür? Auch für Leonard Cohen, für diesen Augenöffner.

München, im Januar 2025
Uwe Birnstein

Cohens Elternhaus in der Belmont Avenue 599,
Westmount/Montreal

„Ich kann mit dem Boss hebräisch reden!“

Kindheit zwischen Synagoge und Kirche

Cohen“. Bisweilen legt sich ein Name wie ein Programm über ein Leben. Das hebräische Wort Cohen oder Kohen bedeutet Priester. Ein geistliches Amt, in das Gott der Bibel zufolge erstmals Aaron, den Bruder des Mose, einsetzte. Der war nun zuständig für die Ordnung im jüdischen Heiligtum, für die Tora-Rolle und für die Gebete in den Gottesdiensten. Die Geschichte findet sich in der Bibel, im 2. Buch Mose, Kap. 28. Mehr als 3000 Jahre später tragen viele Juden und Jüdinnen den Namen Cohen. Mit Stolz, denn er weist in die spirituell reiche Geschichte der biblischen Religionen und damit in die Kultur des Abendlandes.

Am frühen Morgen des 21. September 1934 gebiert Masha Cohen in einem Krankenhaus im kanadischen Montreal ihr zweites Kind. Der Sohn wird Leonard Norman heißen: Leonard Norman Cohen. Als man ihm sagte, er sei ein Kohen, habe er das geglaubt, wird er als Erwachsener im Rückblick erklären, er habe das nie „für eine überflüssige Information gehalten“: „Ich wollte in dieser Welt leben. Ich wollte derjenige sein, der die Tora aufhebt. Ich war ein kleines Kind und alles, was man mir über diese Dinge sagte, hallte in mir wider. Man erwartete von mir, dass ich eine Führungsrolle übernehmen würde, wenn ich zum Mann herangewachsen war." Einmal träumt er, er hebe als weißgekleideter Priester die Tora in die Luft, um „mit den tiefsten Quellen meiner Seele zu verhandeln". Natürlich lernt Leonard auch die Sprache Israels. „Ich kann auf Hebräisch beten, kann mit dem Boss hebräisch reden", freut er sich später darüber. Respekt vor Gott, dessen Namen er als Jude nicht ausspricht, und Humor schließen sich für ihn nicht aus.

Die Cohens gehören zu einer sehr angesehenen Familie. Sie wohnen in einem stattlichen Haus im wohlhabenden Stadtteil Westmount. Der Vater Nathan Cohen ist erfolgreicher Geschäftsmann, führt eine Textilfabrik. Er kann sich ein Hausmädchen, eine Kinderfrau und einen Gärtner leisten, der sich auch als Chauffeur betätigt. Familie Cohen ist gut betucht, im wörtlichen wie übertragenen Sinne. Nathan Cohen, stets vortrefflich angezogen, trägt Anzüge im englischen Stil, schwarz, mit einer Blume im Knopfloch, in der Hand ein silberner Gehstock. Den braucht er auch; denn er ist körperlich lädiert. In patriotischer Freude war er für Kanada in den Ersten Weltkrieg gezogen. An der Verwundung, mit der er heimkam, leidet er noch immer. Sein Ansehen schmälert sie nicht. Immerhin gehören Nathans Vater Lyon und sein Großvater Lazarus zu den wichtigsten Führungsgestalten der jüdischen Gemeinde in Montreal.

1927 hatte das Schicksal Nathan mit Masha Klein zusammengeführt, einer Krankenschwester. Was die beiden eint: Ihre Wurzeln liegen in Osteuropa.
Nathans Großvater Lazarus war Gelehrter an einer Rabbischule in Litauen, wanderte 1869 nach Kanada aus. In Montreal wurde er Bauunternehmer und engagierte sich in der Synagogengemeinde *Shaar Hashomayim*, wurde sogar deren Vorsitzender. Weil immer mehr Juden nach Kanada emigrierten, baute er eine größere, prächtige Synagoge. Auch sorgte er dafür, dass die Bedürfnisse der Geflüchteten in ihrer neuen Heimat befriedigt wurden. Ein Ölporträt von ihm hängt bis heute in der Synagoge, es zeigt den imposanten Mann mit weiß wallendem Bart und weisem Gesichtsausdruck. Sohn Lyon, ebenfalls erfolgreicher Geschäftsmann, trat in die Fußstapfen seines Vaters, übernahm 1914 den Gemeindevorsitz. Zigtausende Juden lebten mittlerweile in Kanada; Lyon Cohen sorgte sich in Verbänden um deren Belange, reiste 1924 in dieser Sache sogar nach Rom zu Papst Pius XI. Dem Zusammenhalt der Juden in der Fremde sollte auch die Zeitung *Jewish Times* dienen, die Lyon Cohen mitbegründete und für die er hin und wieder auch Beiträge schrieb. Lyon und seine Frau gründeten Familie: Nathan, Horace und Lawrence wurden geboren.
Viele Hilfsanfragen erreichten Lyon Cohen. Eines Tages meldete sich ein Rabbi namens Solomon Klonitzki-Klein

bei ihm. Seine Tochter Masha, die nach Montreal emigriert war und dort als Krankenschwester arbeitete, brauchte dringend eine Verlängerung der Aufenthaltserlaubnis. Lyon Cohen konnte helfen. Kurz darauf lernten sich die Familien Cohen und Klein kennen. Mit dabei: Lyon Cohens Sohn Nathan. Er und Masha knüpften Kontakt. Er, der eher zurückgenommene Geschäftsmann, und sie, die warmherzige Frau aus Russland, 19 Jahre jünger, fanden Gefallen aneinander. 1927 heirateten sie. Zwei Jahre später wurde Esther geboren. Und nun ist auch Leonard auf der Welt.
Vater Nathan hat ein leidenschaftliches Hobby: Er dreht mit einer kleinen Kamera Filme. Da ist Leonard zu sehen, wie er befreit lachend auf dem Dreirad die Straße entlangbraust. Mutter Masha mit Esther und Leonard vor dem Familienauto, mit Chauffeur. Als Kind auf Skiern im Park. Auf der Schlittschuhbahn. Bewegte und bewegende Glücksmomente in Montreal. Als jüdische Familie lässt es sich gut leben inmitten der Katholiken und Anglikaner Montreals.

Zu Hause in der Belmont Avenue 599 lebt Familie Cohen nach jüdischer Tradition. Leonard wird selbstverständlich religiös erzogen, „nicht fanatisch, aber traditionell religiös“. „Ich wuchs in einem koscheren Haus auf, wir hielten die jüdischen Vorschriften ein, gingen am Sabbat in die Synagoge und befolgten die freitagabendlichen Sabbatrituale: Wir zündeten Kerzen an und sagten Gebe-

te auf. Es gab da ein ganz klares Traditionsbewusstsein, aber es war auf keinen Fall so, dass man unter irgendwelchen Zwängen gelitten hätte.“ So wird Leonard später in seine Kindheit zurückblicken.
Die Synagoge ist nah, am Sabbat gehen alle in den Gottesdienst, Leonard am Sonntag zusätzlich zur Sonntagsschule und an zwei Nachmittagen in der Woche zum Unterricht. Leonard erfährt als Kind auch viel über den christlichen Glauben. Kinderfrau Mary ist eine irischstämmige Katholikin, sie bekreuzigt sich. Mary führt Leonard hin und wieder in die Kirche und erzählt ihm von Jesus. In der nahen Grundschule ist Leonard auch mit christlichen Kindern zusammen. Dort wird auch Ostern und Weihnachten gefeiert. Das erweitert seinen jüdischen Horizont ungemein. Besonders habe er sich als Kind nicht für Religion interessiert, erzählt Leonard später, „abgesehen von wenigen Gelegenheiten, bei denen wir unseren Chor anhörten“. Auch die liturgischen Gesänge in den Gottesdiensten liebt er, denen hört er gebannt zu.

Leonard erlebt eine ziemlich unbeschwerte Kindheit. Die Schule ist gleich in der Nähe, die Verwandtschaft wohnt ebenfalls in der Umgebung. Gleich hinterm Haus der wunderschöne Murray Park, eine grüne Lunge für den Stadtteil. Spielflächen, alte Bäume, Blumen, Tennisplätze, ein Blick über die Stadt bis zum St.-Lorenz-Strom. „Er gab den Kindern gefährliche Büsche und heroische Landschaften, sodass sie sich das Heldentum vorstellen konnten. Er gab den Kinderschwestern und Hausmädchen gewundene Pfade, sodass sie sich Schönheit vorstellen konnten. Er gab den jungen Kaufmannsprinzen im Laub versteckte Bänke zum Kosen, Ausblicke auf Fabriken, sodass sie sich Macht vorstellen konnten ... Er war der beste Teil in jedem Leben“, beschreibt Cohen den Park.

Sonntags versammelt sich die Verwandtschaft bei der Großmutter. Bei Tee und Keksen sammelt Leonard Familiengeschichten. Cousin Lazzy imponiert ihm besonders, der kennt sich aus „mit Revuegirls, Nachtclubs und Entertainern“. Auch Onkel Edgar ist eine schillernde Figur, der Geschäftsmann ist literarisch interessiert, wird später sogar einen erotischen Roman veröffentlichen. Leonard hört ihm interessiert zu. Der Familienzusammenhalt funktioniert. „Ich habe nie gegen meine Familie rebelliert. Ich fand immer, dass das extrem anständige Leute waren“, beteuert Cohen und lobt „die Ehrlichkeit, mit der alle ihren Geschäften nachgingen, und wie aufopferungsvoll sie sich dem Gemeinschaftsleben widmeten.“

Das Haus der Cohens ist erfüllt von Musik. Vater Nathan liebt Unterhaltungsmusik. Gerne hört er die eingängigen Melodien von Gilbert und Sullivan, einem Londoner Duo, das mehrere Komische Opern geschrieben hat. Sein Lieblingskünstler ist der schottische Sänger und Comedian Harry Lauder, ein Entertainer im Kilt und mit sprühendem Humor. Beim Mitsingen trifft Vater Nathan nur mit Mühe die Töne (Leonard vermutet, das habe er von ihm geerbt). Dafür singt Mutter Masha herzzerreißend sentimentale russische Volkslieder, auch auf Jiddisch. Ihre Stimmung schwankt oft schnell zwischen Melancholie und Euphorie,

„sie lachte und weinte aus tiefem Herzen“, beschreibt Leonard das.
Anders als Vater Nathan, der ganz auf Gentleman macht. In seinem Nachttisch liegt seine Kriegspistole, mit eingraviertem Namen. Leonard ist angetan von der Waffe, wie gerne würde auch er eine Uniform anziehen und als Soldat in den Militärdienst gehen!

Als Leonard neun Jahre alt ist, endet die unbeschwerte Kindheit. Vater Nathan war einige Male im Krankenhaus gewesen, sein Leiden hat ihn immer fester im Griff. Im Januar 1944 stirbt er. Kinderfrau Mary überbringt Leonard und seiner Schwester die traurige Nachricht am Frühstückstisch. Tags darauf wird der Leichnam im Wohnzimmer aufgebahrt, Nathan ist in einen Gebetsmantel eingehüllt. Die Verwandtschaft nimmt Abschied. Onkel Horace nimmt Leonard beiseite und weist ihm seine neue Rolle zu: Er sei nun der Mann im Hause und müsse Verantwortung übernehmen. Leonard ist stolz, fühlt sich „wie der gesegnete junge Prinz einer vom Volk geliebten Dynastie. Ich war der älteste Sohn des ältesten Sohnes“.
Die Trauer Leonards hält sich in Grenzen. „Ich hatte nicht das Gefühl eines schweren Verlustes“, bekennt er später, „es erschien ganz natürlich, dass er starb. Er war schwach und starb. Vielleicht habe ich ein kaltes Herz.“
Literarisch verarbeitet Cohen den Tod des Vaters sein Leben lang. Ausführlich im Roman „Das Lieblingsspiel“,

wo es heißt: „Der Tod seines Vaters ließ ihn das Mysterium erahnen, er begegnete dem Unbekannten. Von Gott und der Hölle redete er nun mit besonderer Autorität." Wie sehr sich Leonards Seele mit dem Bild des toten Vaters beschäftigt, spiegeln auch zwei Gedichte in seinem ersten Gedichtband „Let Us Compare Mythologies", den er seinem Vater gewidmet hat. Das erste, „Elegie", steht gleich am Beginn. Da stellt er sich den Vater in einem „warmen Salzozean" vor, ein „schwebender farbiger Fisch" küsst seinen „schneebedeckten Körper". Im zweiten Gedicht, „Riten", schildert Cohen, wie die Verwandten zum Abschiednehmen vor dem offenen Sarg stehen, des Vaters Kopf liegt auf einem blutgetränkten Kissen, die Onkel erzählen wilde Prophezeiungen und hören erst am Morgen damit auf, nachdem der Vater gestorben war und er selbst „begonnen hatte zu schreien".

Wie eine Übersprungshandlung wirkt, was Leonard kurz nach dem Tod des Vaters tut: Aus dem Kleiderschrank holt er sich eine von dessen Krawatten. Er schneidet mit einer Schere das Futter auf und schiebt einen Zettel hinein, auf den er etwas geschrieben hat. Dann buddelt er im Garten ein Loch in den schneebedeckten Boden und begräbt die Krawatte. Diese seltsame Zeremonie habe etwas sehr Bedeutsames für ihn gehabt, sagt Cohen später. Nie aber kehrt die Erinnerung daran zurück, was er auf den Zettel geschrieben hat. Vergebens sucht er mehrmals im Garten danach.

Leonards Beziehung zum Großvater, dem Rabbi Klonitzki-Klein, wird intensiver. Er erfährt viel über ihn. Etwa, dass er einst in Litauen an einer Talmudschule unterrichtet und zwei bedeutende Bücher über die hebräische Sprache geschrieben hat. Nun hält er viele Vorträge in den USA und Kanada, er gilt als angesehener Rabbi, der sich im Talmud auskennt und versucht, die jüdische Kultur weiterzuvermitteln. Das ist nicht leicht in der neuen „freien" und pluralistischen Welt. Stundenlang liest der Rabbi mit seinem Enkel die heiligen Schriften, besonders die Prophetenbücher wecken Leonards Interesse. In einem langen und bewegenden Gedicht versetzt sich Leonard später in die Gefühls- und Gedankenwelt seines Großvaters hinein. Als literarische Form wählt er dessen fiktive Notizbucheinträge. Aus des Großvaters Sicht schreibt Cohen: Verkünde er „die Prinzipien des jüdischen Glaubens", käme ihm das so müßig vor, als belle er auf dem Mond. In seinem Kopf geistern die Bilder eines polnischen Ghettos, er spricht von der „Verzweiflung des Priestertums" – „dies ist nicht für eine Kanzel gedacht, nicht schön genug. Aber vielleicht kann dies eine Leidenschaft hervorrufen – dafür, das geltende Gesetz zu klären und strahlender zu machen". Cohen formuliert Gebete, die seinem Großvater womöglich auf der Seele lagen: „Gib mir Augen für deine Dunkelheit. Gib mir Beine für deine Berge. Befreie mein Fleisch von dem Bedürfnis zu schlafen." Der Rabbi geht scharf mit sich ins Gericht: „Ich wollte die Schriftrollen nicht mit meiner Logik oder David mit meinen Liedern entehren. In meiner Arbeit wollte ich dich lieben, aber meine Stimme verschwand irgendwo ...

Ich spielte mit der Idee, dass ich der Messias war ... Ich bezweifle alles, was ich schreiben sollte. Meine Wörterbücher stöhnen vor Lügen.“ Depressive Passagen folgen, in denen der Rabbi von Trostlosigkeit übermannt wird. Dann endet das Gedicht mit einer Spur von Hoffnung: „Nur jeden Morgen aufzustehen bedeutet, eine Art Frieden zu schließen.“

In Depressivität versinkt Leonard Cohen nicht. Der Tod des Vaters bedeutet auch mehr Freiheiten. Der Weg zum Erwachsenwerden steht offen. Sein Interesse an Mädchen wächst. Für Zauberei und Hypnose interessiert er sich. Eines Tages entdeckt er einen Hypnose-Kurs. Begierig liest er, was alles möglich ist: Gedankenlesen, Telepathie, Hypnose, Trance ... Ob er es selbst kann? Er sucht ein Studienobjekt. Das Hausmädchen! Sie setzt sich interessiert aufs Ledersofa, Leonard beginnt mit sanfter, tiefer Stimme, bittet sie, sich zu entspannen. Dann lässt er einen Bleistift vor ihren Augen hin- und herpendeln. Und tatsächlich: Die junge Frau fällt in Trance. Leonard gibt ihr die Anweisung, sich zu entkleiden. Er schaut sie an. Eine nackte Frau in seinem Elternhaus. Wow. Doch dann kommt die Angst: Wenn jetzt seine Mutter zurückkommen würde! Er versucht, das Mädchen aus der Hypnose zurückzuholen ... Nach einigen Anläufen gelingt es ihm schließlich.

Sein anderes großes Interesse steht im Bücherregal im Wohnzimmer: in Leder gebundene Bücher, Werke englischer Schriftsteller wie des mittelalterlichen Dichters Geoffrey Chaucer, der durch die „Canterbury Tales“ bekannt geworden ist, und der romantischen Dichter William Wordsworth und Lord Byron. Die hatte sein Vater für ihn bestimmt – als Geschenk zur Bar Mizwa, dem jüdischen Ritual zum Übergang ins Erwachsenenleben.

Zwei Lehrer und die Mame

Wie Cohen die Welt und das Leben ergründete

Eigentlich bedeutet das Ritual Bar Mizwa, dass die jüdischen Jugendlichen nun religiös mündig werden. Jetzt sind sie selbst für die Einhaltung der jüdischen Gebote verantwortlich. Und sie dürfen in der Synagoge aus der Tora lesen.

Für den dreizehnjährigen Leonard wie für die anderen Jungen und Mädchen der Gemeinde ist das eine bedeutende Lebensstation. Doch zur Glückseligkeit fehlen Leonard da noch ein paar Schritte. Für ihn ist das Fest ein Anlass, sich erst einmal die Welt der Gebotsübertretungen anzuschauen. Wie soll man lernen, Gebote einzuhalten, wenn man nicht weiß, wie sie übertreten werden könnten? Nein, sein gutbürgerlicher Stadtteil Westmount ist nicht der richtige Ort dafür, da geht alles halbwegs gesittet und anständig zu, jedenfalls vor den Fassaden und auf den Straßen. Auch zu Hause, wo er mit seiner Mutter und Schwester Esther lebt, läuft alles in temperamentvollen, aber erwartbaren Bahnen.

Die Welt kennenlernen – das geht in anderen Stadtvierteln Montreals. Richtung Hafen. Da, wo abends und nachts das Leben tobt. Wo sich Seeleute in Bars und Bordellen ihre Zeit vertreiben, während die Schiffe beladen werden. Wo

Touristen von Kreuzfahrtschiffen an Land gespült werden und auf der Suche nach Souvenirs durch die Straßen flanieren. Wo die Arbeiter sich an den Tresen der Kneipen volllaufen lassen. Wo Männer wie Motten das Rotlicht und die Huren umschwirren. Wo Musikbegeisterte sich in Blues- und Jazz-Bars treffen und die Jukebox heiß laufen lassen.

Mittendrin: Leonard Cohen, eher klein im Vergleich zu seinen gleichaltrigen Mitschülern, alleine oder in Begleitung seines Freundes Mort. Kilometerweit streunen sie Richtung Hafen. In den Kneipen und Tavernen werden sie trotz ihres jungen Alters bedient. Begierig saugt er alle Farben, Bilder, Klänge, Musik, Gerüche und Begebenheiten in sich auf. Beobachtet, wie Männer und Frauen sich verhalten und begegnen. So wie Cohens Namensbruder da Vinci 500 Jahre zuvor mit dem Notizbuch durch die Straßen und Kneipen Mailands zog und die Menschen dann in seinen Gemälden für die Ewigkeit festhielt, so bummelt Leonard Cohen durch die aufregenden Viertel der Stadt und sammelt Material für seine Gedichte.

Schreiben ist seine Leidenschaft. Gesehenes, Gefühltes, Gedachtes in Worte zu fassen: was für eine Herausforderung! Wie andere schreiben, die Großen der Weltliteratur! Die Werke englischer Dichter liest er gerne, ist neugierig auf besondere Bücher. Die findet er in Antiquariaten. Stundenlang stöbert er in staubigen Bibliotheken.

Als er 15 ist, entdeckt er in einem der Montrealer Antiquariate ein Buch mit Gedichten des spanischen Dichters Federico García Lorca. Sie sind aus dem Spanischen ins Englische übersetzt. Leonard liest und ist elektrisiert. Die poetischen Bilder, die Lorca da schafft, treffen ihn ins Herz. Manche Texte lassen surreale Fantasielandschaften im Kopf entstehen. Den Tod beschreibt Lorca bemerkenswert offen. Auch die Liebe. Und den Glauben. Alles Themen, die auch Leonard beschäftigen. Mystisch verwebt Lorca die erotische Lust mit dem Glauben an das Ewige. Da schreibt er etwa von der Jungfrau Virginia, die in der katholischen Messe eingeschlafen ist: „Biete die schwarzen Melonen deiner Brüste dar dem Geräusch der Messe." Das ist schamlos schön. In einem anderen Gedicht wird Lorca christlich-mystisch: „In den Händen / Verbrennen mich die Löcher / Der zwei Nägel. / Und siehst du etwa nicht, / dass ich verblute?" Wie unerhört, so über den christlichen Glauben zu schreiben! „O Kreuz! O Nagel! Und o Dorn! / O Dorn, hineingestoßen in den Knochen, bis die Planeten rosten! / Der Himmel konnte sich nackt ausziehen, / denn niemand wandte seinen Kopf." Der Glaube durchwirkt den gesamten Kosmos. Allerhand.

Was ist das für ein Seelengefährte, der sich da unerwartet in Leonards Leben mischt? Lorca war gestorben, als Leonard zwei Jahre alt war – und zwar auf tragische Weise: Ein Anhänger des faschistischen Generals Franco erschoss den bereits gefangengenommenen Lorca im Morgengrauen auf offener Straße. Seine freien Gedanken, seine liberale antifaschistische Einstellung, seine Homosexualität und letztlich seine Popularität waren den Putschisten ein Dorn im Auge gewesen. Am Wegesrand wurde er verscharrt, bis heute ist sein Grab unbekannt. Cohen beschäftigt sich mit Lorcas Biografie. Er erfährt: Aus einem andalusischen Dorf stammend, schrieb Lorca schon früh Gedichte. Sein Weg führte ihn zunächst zum Studium nach Madrid. Er lernte den surrealistischen Maler Salvador Dalí kennen und den Regisseur Luis Buñuel: kreative Köpfe einer neuen künstlerischen Ära, die ihre Vermutung umsetzten: Die sichtbare Wirklichkeit zeigt nicht alles. Später verbrachte Lorca Zeiten in Kuba und Argentinien, auch in New York. Auf einem Bild malte er sich, einsam und melancholisch in den Straßenschluchten der Stadt, die niemals schläft. Zwischen den Wolkenkratzern finden sich Wesen, die wie Dämonen wirken. „New York aus Schlamm / New York aus Draht und Tod: / Welch einen Engel birgst du in der Wange?", fragt er. „Welch Stimme ohne Fehl sagt dir des Kornes Wahrheit? Wer deiner schmutzigen Geschichten grausen Traum?" Lorca hatte den 1892 verstorbenen homosexuellen Dichter Walt Whitman als Seelengefährten entdeckt. Ihm hatte Lorca eine poetische Liebeserklärung geschrieben in Form einer sexuellen Selbstfindungsreise durch die von Prostitution und abgründiger Sexualität geprägte und von Millionen grauer Ratten besetzte Stadt. Federico García Lorca: ein einsamer Mann, der die Liebe sucht, über die Vergänglichkeit sinniert und den Gottesglauben mit seinen Erfahrungen zu verbinden versucht. Den jugendlichen Leonard Cohen, an der Schwelle zum Mannsein, prägt das ungemein. Als „junger Mann, als Teenager" habe er nach

Lorcas Stimme „gedürstet", erzählt er im Alter: „Erst als ich die Werke von Lorca las, verstand ich, was es heißt, eine Stimme zu haben. Es ist nicht so, dass ich seine Stimme nachgeahmt hätte; das würde ich nicht wagen. Aber er gab mir die Erlaubnis, eine Stimme zu finden, eine Stimme auszumachen; und das bedeutet: ein Selbst auszumachen, ein Selbst, das nicht feststand, sondern ein Selbst, das um seine eigene Existenz kämpfte." Was er von Lorca gelernt habe? „Niemals leichtfertig zu jammern", erklärt Cohen später, „und wenn man die große, unausweichliche Niederlage, die uns alle erwartet, ansprechen will, muss dies in den streng gesetzten Grenzen von Würde und Schönheit geschehen."

Gut möglich, dass er damals auch schon Lorcas Gedicht „Pequeño vals Vienés" („Kleiner Wiener Walzer") entdeckt hat. Lorca erzählt darin von seinen erotischen Erfahrungen in Wien. Lyrisch mit allerlei Blümchen verklärt, von Hyazinthen bis Lilien, geht es sexuell zur Sache. Mehr als 30 Jahre später wird Leonard Cohen seinem verehrten poetischen Bruder eine musikalische Hommage schreiben. Cohen überträgt Lorcas Gedicht ins Englische und kleidet die lyrische Laszivität in einen stringenten Dreiviertel-Walzertakt, durchbrochen vom typisch spanischen Ruf „Ay, ay, ay, ay!" Fünf Jahre dauert die Arbeit daran, bis Cohen zufrieden ist. „Mein Mund auf dem Tau deiner Schenkel": Mit Lorca lebt Cohen seine Fantasien aus. Sie sind nicht nur romantisch, sondern stets von der Gefahr sexueller Besessenheit begleitet. Das PR-Video zeigt Cohen vor der Kulisse Granadas, auch beim Besuch des Geburtshauses Lorcas, in dem ein Museum eingerichtet ist.

1949, im selben Jahr, in dem er Lorca entdeckt, investiert Cohen zwölf Dollar in eine Gitarre. Gebraucht, versteht sich, von einem Pfandleiher. Er nimmt das Instrument mit auf Jugendfahrten, organisiert von sozialistischen jüdischen Organisationen. Hier lernt er Volkslieder kennen, Gewerkschaftslieder, das „People's Songbook" spielt er rauf und runter. Und merkt, dass Mädchen sich um ihn scharen, sobald er die Klampfe zückt. Dabei spielt er nach eigener Einschätzung uninspiriert. „Ich schlug die Akkorde. Ich kannte nur ein paar. Ich saß mit meinen Freunden zusammen, trank und sang Folksongs oder die damals angesagten Songs, aber niemals hielt ich mich selbst für einen Musiker oder Sänger."
Das ändert sich an einem Tag in den frühen Sechzigern. Cohen besucht seine Mutter in Montreal. Er streift durch den Murray Hill Park, den er seit seiner Kindheit kennt. Ein junger schwarzhaariger Mann spielt Gitarre. Flamenco. Eine Gruppe von Frauen hört zu. „Ich liebte die Art, wie er spielte", beschreibt Cohen später die Situation, „es war etwas an seinem Spiel, das mich gefangen nahm." Cohen weiß: Genau so möchte auch er spielen – aber er würde es womöglich niemals können. Als der fremde Gitarrist Pause macht, geht Cohen zu ihm und erfährt: Der Mann kommt aus Spanien. In gebrochenem Französisch

radebrechen sie. Cohen fragt, ob er ihm Unterricht geben könne. Der Mann willigt ein. Am nächsten Tag die erste Stunde im Hause von Cohens Mutter. Der Gitarrist stimmt die völlig verstimmte Gitarre Cohens und zeigt ihm sechs Akkorde. Die Griffe sind Cohen zu schwierig, „es war fürchterlich". Am Tag darauf geht es schon etwas besser. Am dritten Tag kennt Cohen die Akkorde auswendig, immerhin. Cohen freut sich an den kleinen Fortschritten. Am nächsten Tag wartet Cohen. Der Gitarrist erscheint nicht wie verabredet. Cohen ruft in der Pension an, deren Nummer er von ihm bekommen hat. Er erfährt: Sein Gitarrenlehrer hat sich das Leben genommen. Cohen ist zutiefst erschüttert.

Es wirkt wie eine Art *Memento mori*, dass Cohen die sechs Akkorde und die Flamenco-Anschlagstechnik zur Grundlage seines gesamten musikalischen Lebenswerks macht. Sechzig Jahre später, im Jahr 2011, eröffnet er bei einer Preisverleihung in Madrid dem Publikum: „Jetzt möchte ich etwas verraten, worüber ich noch nie öffentlich gesprochen habe. Es waren diese sechs Akkorde – dieses Gitarrenmuster, das die Grundlage für all meine Songs und all meine Musik geworden ist."

Musik macht Leonard Cohen auch in der Highschool – die klingt aber ziemlich anders. Mit zwei Kommilitonen gründet er ein Trio. Mundharmonika, Eimerbass, Gitarre – das reicht. Unter dem Namen „The Buckskin Boys" spielen sie Squaredance-Musik und Folksongs. Auf Fes-

Konzert in Genf, 2008

ERNIE BALL

ten bringen sie die Gäste zum Tanzen und Feiern. Eine vielleicht vorausweisende Nebenbeobachtung, die die religiös tolerante Atmosphäre in Montreal zeigt: Das Trio ist multireligiös: ein Jude, ein Protestant und ein Katholik.

Cohens erste Leidenschaft jedoch bleibt die Lyrik. Cohen wird selbstbewusster, trägt seine Gedichte in literarischen Clubs, auch auf Partys vor. Er wird zum umschwärmten Newcomer in der Montrealer Dichterszene. 1954 druckt das Insider-Lyrikmagazin CIV/n drei Texte von Cohen. Schriftsteller und Dichter Irving Layton wird sein väterlicher Berater. 1956 erscheint Cohens erstes Buch: „Let Us Compare Mythologies“. Eine wilde Mischung tiefsinniger Gedanken und Fantasien über die Liebe und Gott, über das Leben und die Vergänglichkeit. Die Grundfrage, um die die Texte kreisen, findet sich im Gedicht „Saint Catherine Street“: „Wie können wir lieben und beten?“

Cohen widmet sein erstes Buch seinem Vater Nathan B. Cohen. Mutter Masha freut sich über den Erfolg ihres Sohnes. Die beiden pflegen eine enge und liebevolle Bindung: Mit ihrem Temperament und ihrer grenzenlosen Fürsorglichkeit ist sie noch immer der Anker in Leonards Leben. Ihre Liebe droht mitunter in Übergriffigkeit auszuarten. Cohen kann damit umgehen. Psychologen behaupten, die Mutter präge das Verhalten eines Sohnes

gegenüber Frauen. Stimmt das im Falle Leonard Cohens? „Meine Mutter hat mich gut gelehrt, niemals grausam zu einer Frau zu sein", schreibt Leonard in einem unveröffentlichten Text in den Siebzigern.
Cohen-Biografin Sylvie Simmons deutet noch mehr in die Mutterbeziehung hinein: Cohen habe gelernt, sich „aus den Klauen der emotionalen Erpressung" zu befreien. Doch von Masha habe er auch gelernt, „auf die Ergebenheit und die unterstützende und nährende Kraft von Frauen zu vertrauen" – solange es ihm nicht „zu eng und intensiv" wurde. Dann habe er sich von ihnen gelöst, „wenn auch nicht immer ganz und gar, und selten ohne widerstreitende Gefühle".

„Ich vergaß, zu den Engeln zu beten“

Sex, Drugs und Frauen

Mutter Masha muss lernen: Ihren Sohn Leonard zieht es hinaus. Nicht nur in die Montrealer Stadtviertel, sondern in die Welt. Die Vorstellung, er könnte einmal Geschäftsmann in seiner Heimatstadt werden und die Linie der Väter fortführen, schwindet dahin. Ihr Sohn ist auf dem Weg, ein Dichter zu werden! 1959 erhält er sogar einen Literaturpreis. Er erfüllt sich einen Traum und reist nach London. Es ist kalt und regnerisch dort. Jemand erzählt ihm von einer Insel in Griechenland, da soll es warm sein, sogar im Winter. Kurzentschlossen bucht er sich einen Flug nach Athen. Von dort fährt er weiter auf den Peloponnes, steigt aufs Schiff zur kleinen Insel Hydra. Was für ein Unterschied zum kalten Montreal und zum trüben London: Hydra ragt wie ein strahlender Fels mit weißen Häusern aus dem traumhaft blauen Wasser der Ägäis.

Einige Künstler haben sich dort niedergelassen. Cohen lernt die Familie Johnston kennen, das Schriftsteller-Paar lebt mit drei Kindern in Hydra. Sie zeigen Leonard die Insel. Er kauft sich ein Haus mitten in dem Dorf, 1500 Dollar, unfassbar preisgünstig. Cohen verfällt der Schönheit der Insel und dem entspannten Lebensgefühl. So wie Henry

Der Hafen von Hydra
auf der gleichnamigen griechischen Insel, 1960

Miller, der die Insel als „göttliche Kraftquelle" beschrieb, „die in Zeit und Raum schwebt und eine lange oder kurze Fermate der endlosen Schöpfungsmelodie bildet". Viele kreative Menschen leben hier. Sie malen, schreiben, dichten, komponieren und lassen sich unter der Sonne zur Liebe hinreißen. Anfang der Sechzigerjahre fallen die Konventionen und die bürgerliche Moral. Hydra bietet beste Bedingungen dafür. Junge schöne Männer und Frauen kommen an. Viele bleiben länger, als sie es eigentlich vorhatten. Die Tage verbringen sie am Strand und mit ihren Künsten. Abends trifft man sich in einer der Tavernen am Hafen, isst, trinkt, raucht und kifft.

Eine hübsche blonde Frau fällt Leonard auf. Eines Tages sieht er, wie sie mit einem Korb in einen Laden geht. Er folgt ihr, bleibt in der Tür stehen. Sie schaut ihn an, sieht in der Sonne nur seine Silhouette. „Willst du zu uns kommen, wir sitzen draußen", sagt er ihr. Die beiden schauen sich an. „Ich spürte den Blick durch meinen ganzen Körper", erinnert sich die Frau später. Sie heißt Marianne Jensen.

Leonard erfährt: Sie kommt aus Norwegen, ist mit ihrem Mann und ihrem siebenjährigen Sohn Axel auf der Insel. Doch die Ehe kriselt, ihr Mann, ebenfalls Schriftsteller, tut ihr mit seiner aufbrausenden Art nicht gut. Leonard ist in dieser Situation mehr als ein Geliebter: Er kümmert sich um sie, bietet ihr eine starke Schulter. Er ist gut zu ihrem

Sohn. Leonard und Marianne verlieben sich ineinander und werden ein Paar.
Bilder der beiden zeigen ein sehr glückliches Paar: am Strand, auf Eseln reitend in den steinernen Hügeln, mit Freunden beim Essen und Trinken. Marianne, die betörend schöne Frau im weißen Hemd; an ihrer Seite der blonde kleine Axel mit braungebrannter Haut. Und, zeitweise mit dunklem Schnauzer, Leonard, der schlanke Kreative mit dem durchdringenden Blick.

Hydra bedeutet für Cohen nicht nur Entspannung. Wie ein Wahnsinniger schreibt er an seinem Buch „Beautiful Losers", „Schöne Verlierer". Drei Seiten will er an jedem Tag schaffen. Er schreibt auf der Terrasse seines Hauses, oft in der prallen Sonne, manchmal 15 Stunden am Tag. Das Pensum ist nur mit einem straffen Tagesablauf zu schaffen. Er und Marianne stehen früh auf, frühstücken, dann setzt er sich an seine Schreibmaschine. Marianne ist seine Muse. Sie kümmert sich um Trinken und Essen. Viel braucht er allerdings nicht. Die Drogen, die er nimmt, puschen ihn auf. „Ich war auf Speed, deshalb aß ich nicht viel", blickt er später zurück. Und Marianne erinnert sich: „Es war Schreiben und Liebemachen. Wir hörten Musik, tranken und diskutierten."
Auf andere wirken die beiden wie ein Traumpaar. Sie selbst aber sind von Selbstzweifeln angenagt. Marianne kann nicht glauben, was Leonard ihr sagt: dass sie die schönste Frau sei, die er je gesehen habe. Sie hält sich für zu dünn, ihr Gesicht für zu rund und ihre Brüste für zu klein. Und ist so schüchtern, dass sie oft den Kopf gesenkt

hält. Cohen wird zum Befreier für sie. Er sorgt dafür, dass ihr durch ihre unglückliche Ehe angeknackstes Selbstbewusstsein im Laufe der Zeit wieder zurückkehrt. Dabei ist auch er selbst nicht zufrieden mit sich. „Leonard war wunderschön. Aber er empfand es nicht so“, offenbart sie später und erzählt, wie sie beide vorm Ausgehen selbstkritisch vor dem Spiegel standen.

Marianne fühlt sich weiterhin unsicher. Sie ist die Einzige in der Künstlerkolonie, die weder malt noch schreibt. Gefragt, was sie mache, legt sie sich eine Antwort zurecht: „Ich bin Künstlerin – ich lebe!“ Marianne Jensen, geborene Ihlen, norwegische Lebenskünstlerin an der Seite eines kanadischen Dichters, der überdreht und wahnhaft an einem Buch schreibt, das bei Erscheinen 1967 von einer Zeitung zutreffend als „verbale Masturbation“ bezeichnet wird. Der Roman liest sich wie ein grotesker Rausch, ein wirres Durcheinander von Sex, Geschichte, Abhängigkeit, schamlos und skurril und durch drei Hauptpersonen mühsam zusammengehalten. Er selbst bezeichnet das Buch als einen „Roman der Erlösung“, einen „Versuch, die Seele zu retten“. Und gesteht im Jahr des Erscheinens, total am Ende gewesen zu sein: „Ich mochte mein Leben nicht mehr. Ich habe einen Trip nach dem anderen genommen, saß auf der Terrasse in Griechenland und wartete darauf, Gott zu sehen. Fast immer hatte ich aber nur einen schlimmen Kater.“ Es sei „der wüsteste Trip“ gewesen, den er je erlebt habe.
Als das Manuskript fertig ist, fastet Cohen zehn Tage lang, wird schließlich mit Nervenzusammenbruch ins Kranken-

haus eingeliefert. Dort sieht er vom Fenster aus eines Nachmittags unzählige Störche am Himmel kreisen. „Sie ließen sich auf Kirchdächern nieder und flogen am nächsten Morgen weiter.“ Cohen geht es besser. Er fasst einen weitreichenden Entschluss: Er will in die USA gehen, nach Nashville, „um Songwriter zu werden“. Und Marianne? Sie bleibt in Hydra. Sie weiß, wie es sich anfühlt, dort alleine mit ihrem Sohn zu sein. Cohen hatte in den vergangenen Jahren jeweils einige Monate in Montreal verbracht, hatte dort Inspiration und Beobachtungen gesammelt für sein Schreiben.

Nun will er ganz weg. Im Rückblick deutet er das als eine seiner häufigen Fluchten: „Auch wenn die Situation gut aussah, musste ich fliehen, weil sie für mich persönlich nicht passte.“ Und er gesteht: „Ich führte ein egoistisches Leben, aber das war mir nicht klar, für mich war es ja eine Art des Überlebens.“

Cohen fliegt nach New York. Von der dortigen Musikszene hat er viel gehört, besonders die Protestsongs von Bob Dylan und Joan Baez interessieren ihn. Und die Folksängerin Judy Collins, die mit klarer Stimme und großer Ausstrahlung eigene Songs singt und die anderer Musiker und Musikerinnen covert. Sie besucht er und spielt ihr ein Lied vor, die Vertonung eines Gedichtes über die Beziehung zu einer Frau namens Suzanne; die Tänzerin hatte er 1965 in Montreal kennengelernt, offensicht-

lich blieb es eine platonische, gleichwohl sehr nahe Begegnung. „Sie berührt deinen Körper mit ihrem Geist", heißt es im Refrain. Das Lied erzählt davon, dass ihm die „halbverrückte" Suzanne Tee und Orangen anbietet und dass sie mit Blick auf den Hafen mit seiner Kirche über das Leben sinnieren. Eine schöne Geschichte für einen Song.
„Ich kann nicht singen und auch nicht Gitarre spielen", sagt Cohen zu Judy Collins – und trägt ihr „Suzanne" vor, eine Art eingängiger Sprechgesang, begleitet von vier spannungsvoll kombinierten gezupften Akkorden. Judy Collins ist begeistert. Sofort nimmt sie den Song auf und veröffentlicht ihn. Er wird ein Erfolg. Die beiden befreunden sich.
Niemals werde er öffentlich auftreten, bekundet er – und lässt sich ein Jahr später doch auf einen Auftritt ein. Judy Collins will mit ihm „Suzanne" singen, auf einem Festival. Schüchtern beginnt er – doch er bricht mitten im Lied ab und verlässt schluchzend die Bühne: eine Lampenfieber-Attacke. Judy Collins eilt zu ihm und kann ihn dazu bewegen zurückzukommen. Zusammen spielen sie den Song. Das Publikum ist begeistert. Und Cohen findet Zutrauen in die geradezu magische Wirkung seiner Stimme.

Marianne beobachtet aus dem fernen Hydra so gut es geht, was geschieht. Die beiden schreiben sich Briefe und Telegramme. Eines Tages bittet er sie, nach New York zu kommen: „Ich brauche meine Frau und ihren

Sohn!" Sie fliegt hin. Und lernt Judy Collins kennen. „Du hast mein Leben ruiniert", sagt sie ihr bei einem Treffen. Und ist erschüttert darüber, wie weit sich Cohens und ihr Leben voneinander entfernt haben.
Um öfter bei ihm zu sein, bringt sie ihren Sohn Axel auf das Summerhill-Internat in England. Doch Cohen kommt sie trotz vieler Besuche nicht wieder näher. Er ist ein hochgelobter Newcomer. Seine erste Langspielplatte, „Songs of Leonard Cohen", hat großen Erfolg, er tritt auf mehreren Festivals und im Fernsehen auf. Seinen Drogenkonsum hat er nicht eingeschränkt, im Gegenteil. Hinzu kommt nun eine ausgiebige Sexgier. Im New Yorker Chelsea Hotel, in dem sich die musikalische Subkultur trifft, verlebt er Tage wie im Rausch. Hier hat er eine Affäre mit der Sängerin Janis Joplin, den Sex mit ihr beschreibt er in einem Song. Und scheut sich nicht, mit Marianne in ein Konzert von Janis Joplin zu gehen.
Abgründe tun sich auf. Marianne ist verstört. „Cohen liebte Frauen. Aber er blieb immer bei seinem eigenen Weg. Er konnte Frauen aus der Entfernung lieben. Er konnte Frauen dazu bringen, sich gut zu fühlen. Aber er konnte ihnen nicht wirklich etwas geben. Denn er konnte sich nicht hingeben", deutet eine ehemalige Schulfreundin Cohens dessen Gebaren.
Marianne hängt weiter an Cohen. Aber über ihrer Liebe verdunkelt sich der Himmel. Cohen fasst seine Gefühle in ein Lied, „Come on Marianne": „Komm schon, Marianne, es ist Zeit, dass wir beginnen, über das alles wieder zu lachen und zu weinen!" Er beschreibt den Beginn ihrer Liebe: Marianne habe sich an ihn geklammert wie an ein

Kruzifix. Im Verliebtsein hätten beide ihren spirituellen Rückhalt verloren und „vergessen, zu den Engeln zu beten". „All deine Briefe sagen, dass du bei mir bist – warum fühle ich mich dennoch allein?", fragt Cohen. Das Lied wirkt einerseits rührend, andererseits wie eine große Selbstrechtfertigung. „Du gingst, als ich dir sagte, ich sei neugierig – aber ich habe doch niemals gesagt, ich sei brav!"

Marianne erträgt weiter seine Fraueneskapaden. Vieles bekommt sie gar nicht mit. Zum Beispiel wie empört Cohen über die Zurückweisung durch die deutsche blonde Underground-Sängerin Nico ist. Er sieht sie in einem New Yorker Club und ist entbrannt – „eine perfekte arische Eiskönigin", beschreibt er sie später mit der ihm eigenen Art von Sarkasmus, „als wäre sie direkt aus einem Naziposter herabgestiegen". Tagelang läuft er ihr hinterher – bis sie ihm eine deutliche Abfuhr erteilt: „Ich steh auf junge Männer. Du bist einfach zu alt für mich."
Hin und wieder begleitet Marianne ihn einige Tage – gleich danach trifft Cohen sich wieder mit anderen Frauen. Er ist wie besessen davon, die Herzen der Frauen zu erobern. „Das ging über jedes vernünftige Maß hinaus und wurde mein wichtigster Lebensinhalt", erzählt er später. Er habe wie in einem Sexfilm gelebt und viel dabei gelernt über sich und andere – „wir wissen ja, dass Sexfilme nicht romantisch sind!" Im Roman „Das Lieblingsspiel" schreibt er: „Wenn ich das Gesicht einer Frau durch den Orgasmus, den wir gemeinsam erreicht haben, sich verwandeln sehe, dann weiß ich, dass wir uns begegnet sind."

Cohen droht in einem Netz von Sex und Drogen zu versinken. Auf Tournee mit seiner Band nimmt er oft über Wochen jeden Tag LSD. Bei Auftritten in Hamburg und Amsterdam holt er das Publikum auf die Bühne, ein wildes Geschmuse entsteht. Mehrheitlich besuchen Frauen seine Konzerte. Sie sind angetan von diesem ernsten Mann, stets dunkel gekleidet, er wirkt einsam und irgendwie erlösungsbedürftig.

Cohen lernt Suzanne Elrod kennen, eine selbstbewusste 19-jährige dunkelhaarige Frau. Bei ihrer ersten Begegnung mit dem 14 Jahre älteren Cohen setzt sie sich in den Kopf, er soll Vater ihrer Kinder werden. Marianne gerät mit ihren Nerven ans Ende. „Alle Frauen lechzten nach ihm. Das tat mir so weh. Es zerstörte mich. Ich war am Rande des Suizids. Ich wollte sterben.“ Sie beendet die Beziehung zu Cohen und zieht zurück nach Oslo. Cohen singt sein Lied für Marianne fortan anders: Aus dem „Come on, Marianne“ wird „So long, Marianne“. Nach einer Europa-Tournee zieht er mit Suzanne auf eine kleine Ranch in Tennessee. 1972 wird Sohn Adam geboren, zwei Jahre später Tochter Lorca, die er nach seinem Dichter-Vorbild benennt. Einige Jahre bleiben er und Suzanne ein Paar – heiraten aber nicht.

Jahre später bedauert Cohen seine oberflächlichen Frauengeschichten: „Ich habe nie wahrnehmen können, wie sie wirklich sind. Ich habe sie nicht wahrgenommen, weil ich sie begehrt habe.“ Denn begehren bedeute, etwas so haben zu wollen, wie man selbst es wolle; genau das mache das Begehren aus. „Doch es tyrannisiert einen auch.“

Der Drogen- und Frauenrausch fordert seinen Tribut. Depressionen stürzen Cohen in tiefe Täler. Manchmal zieht er sich wochenlang zurück. Er spürt eine Nähe zu psychisch Kranken. Auf Tourneen überzeugt er seine Band, zwischendurch in Nervenkliniken aufzutreten. Bei einem solchen Auftritt steht einmal einer im Publikum auf und schreit Cohen an: „Was denkst du eigentlich über mich, will ich wissen!“ Cohen steigt von der Bühne, geht zu dem Mann – und umarmt ihn lange und fest. Ein Zeichen dafür, dass sich Cohen mit seiner eigenen gemarterten Seele aussöhnen will? Dass er eine andere Form von Nähe sucht, die sexuelle Ekstasen übertrifft?

Dazu schleicht sich die Erkenntnis ein: Drogen katapultieren ihn zwar in transzendente Welten, in denen er außer sich steht; aber sie führen ihn nicht ans Ziel seiner spirituellen Suche. Die geht weiter.

Geboren im Herzen der Bibel

Die Bibel in Cohens Liedern

Er sei „geboren im Herzen der Bibel". Das notiert Cohen einmal in seinem Notizbuch. Zutreffender lassen sich seine Liebe und seine Ehrfurcht vor der Bibel nicht ausdrücken. Die Bibel ist die Grundlage für Cohens Glauben und Zweifeln, für sein Denken und Fühlen; sie ist ihm eine unausschöpfliche Quelle für seine lyrischen Versuche, die Transzendenz irgendwie in Worte zu fassen. Cohen ruft damit eigentlich Selbstverständliches, aber oft Vergessenes in Erinnerung: Die Bibel ist kein weltfernes Buch. Sie spiegelt all unsere menschlichen Befindlichkeiten. Sorgen und Freuden, Ängste und Nöte, Liebe und Hass, Rachegelüste und Mitgefühl, Sehnsüchte und Enttäuschungen. Und die Bibel enthält so bedenkenswerte wie tröstliche Antworten auf die Fragen, die Menschen zu allen Zeiten bewegen: Woher kommen wir? Worin besteht der Sinn des Lebens? Wie gehen wir mit Schuld um? Wie schaffen wir es, im Einklang mit uns selbst und mit Gott zu leben? Die Antworten der Bibel bestehen nicht aus Dogmen oder Patentrezepten. Die biblischen Geschichten und Gedanken bieten Inspiration für das eigene Nachdenken. Das hat Leonard Cohen in den Gesprächen mit seinen Großvätern gelernt. Sie lehrten ihn, dass gläu-

bige Menschen weiterfragen und dass sich wesentliche, auch spirituelle Fragen im Dialog klären lassen. Cohen liest und nutzt die Bibel in dieser Weise: als einen Schatz an Erfahrungen und Botschaften, die uns helfen, uns selbst und die Welt zu verstehen. Cohen legt sie nicht aus wie Pastoren von der Kanzel. Auch seziert er die biblischen Geschichten nicht, wie Theologieprofessoren es tun. Er nutzt sie nicht zur Moralpredigt, um Menschen ihre Sündhaftigkeit vor Augen zu führen. Auch verwandelt er sie nicht zum Missionsinstrument, das den einzigen Weg zu Gott ebne. Die fromme konservative Erziehung hat ihn offensichtlich gegen fundamentalistische Versuchungen gefeit. Die Bibel ist für ihn zu heilig, um sie als Waffe im Kampf gegen vermeintlichen Unglauben einzusetzen. Sie ist ein Buch für alle Suchenden. Ein Buch der Wandlungen. Ihre Heiligkeit besteht nicht darin, irgendwann einmal für heilig erklärt worden zu sein. Ihre Heiligkeit gründet darin, dass sie keinen Unterschied zwischen Himmel und Erde, zwischen dem „Reich Gottes" und dem irdischen Leben macht – und nicht aufhört zu behaupten, dass es eine Wirklichkeit hinter der sichtbaren, fühlbaren, greifbaren, mit allen Sinnen erfahrbaren Welt gibt. Leonard Cohen stellt sich in die über tausende Jahre weitergegebene Wahrheit, von der die biblischen Gestalten zeugen. Pastorale Floskeln, Rücksichtnahme auf (vermeintlich?) religiöse Gefühle oder theologische Richtigkeiten gehören nicht in seine Denk- und Glaubenswelt.
Das ist beachtenswert. Denn die Bibel in dieser Weise wertzuschätzen, ist vielen Menschen fremd. Die „Heilige Schrift" gilt vielen als verstaubt, als Aneinanderreihung von

Geboten und wunderlichen Geschichten, von grausamen Bildern von Schlachten und völlig unrealistischen Friedenssprüchen. „Die andere Wange hinhalten": Wie dumm ist das denn? „Barmherzig sein"? – Da ist man doch eher aufs eigene Wohl bedacht. „Nach Gerechtigkeit dürsten": Das tun doch nur noch hartgesottene Gutmenschen, und sie ernten dafür Spott! Und „Lohn im Himmel" – was soll das denn sein, wie wird der denn ausbezahlt, und: Weiß ich überhaupt, ob es nach dem Tod im Himmel weitergeht? Und dann dieses antiquierte Gerede vom „Jüngsten Gericht"!

Die Theologin Dorothee Sölle sagte einmal: „Nicht du liest die Bibel. Die Bibel liest dich!" Diesen Perspektivwechsel vollzieht auch Cohen. Er findet in den biblischen Geschichten seine eigenen Sehnsüchte und Ängste wieder. Die Gestalten der Bibel sind für ihn keine historischen Figuren. Er entdeckt in ihnen Glaubensgenossen und Seelenverwandte. In großer Freiheit nähert er sich ihnen; dabei vereinnahmt er sie nicht, tritt eher in eine Beziehung zu ihnen. Als die Sängerin Judy Collins einmal gefragt wurde, was sie an Cohen so beeindruckt habe, nannte sie „die Tatsache, dass ein Jude aus Kanada die Bibel so auseinandernimmt und den Katholiken mal richtig zeigt, was in all diesen Geschichten, die sie zu kennen glauben, wirklich drinsteckt".

Oft bezieht sich Cohen auf eine Urgeschichte des israelitischen Volks, den sogenannten Exodus, und zeigt, wie viel Bedeutung er ihr beimisst. „Ich bin der HERR, dein Gott, der ich dich aus Ägyptenland, aus der Knechtschaft, geführt habe." Dieser Satz ist ein Grundbekenntnis des jüdischen Glaubens. Die Geschichte dahinter: In Ägypten wurden Israeliten als Zwangsarbeiter eingesetzt. Sie mussten Schmach und Unterdrückung ertragen. Die schillernde Gestalt des Mose sorgte im Auftrag und mit der Vollmacht Gottes dafür, dass der ägyptische Pharao das Volk aus der Knechtschaft entließ. Mose verhieß seinen Glaubensgeschwistern ein „Land, in dem Milch und Honig fließen". Vierzig Jahre dauerte die Wanderung dorthin – ein mühsamer und entbehrungsreicher Weg durch die Wüste, der letztlich den Glauben an Gott gefestigt hat. Anfangs euphorisiert durch die Befreiung und die rosige Zukunft, murrte das Volk. Durst und Hunger machten das Leben schwer. Zweifel kamen auf. Einige fielen sogar vom Glauben ab, tanzten um ein Götzenbild, das „Goldene Kalb". Um den Israeliten Gottes Willen zu überbringen, erklomm Anführer Mose den Berg Sinai. Dort erhielt er von Gott zehn Gebote, die die Gläubigen beherzigen sollen. Am Ende wird das Gelobte Land erreicht. Das 2. Buch Mose berichtet von dieser Befreiung und Bewahrung durch Gott.

Der sogenannte „Exodus" diente die Jahrhunderte hindurch Geknechteten oft als tröstliche und ermutigende Identifikationsgeschichte. Zum Beispiel den nordamerikanischen Sklaven. Die Erinnerung an die biblische Exodusgeschichte schenkte ihnen Kraft, die Sklaverei zu ertragen, aber nicht nachzulassen in der Hoffnung, dass Gott auch sie befreie. In vielen Gospel-Songs, die sich aus der afroamerikanischen Musiktradition entwickelt haben, ist diese Hoffnung musikalisch dokumentiert. Etwa in „Go Down Moses", gesungen unter anderem von Louis Armstrong: „When Israel was in Egypt's land / let my people go ..."

Cohen scheut sich nicht, Israels Exodusgeschichte zur Beschreibung der eigenen Gemütszustände zu nutzen. „Ich wurde in Ketten geboren, doch aus Ägypten verstoßen", dichtet er für den Song „Born in Chains". „Mir wurde eine Bürde aufgehalst, doch die Bürde wurde wieder genommen", freut er sich und dankt Gott dafür: „Herr, ich kann dieses Geheimnis nicht länger bewahren. Geheiligt sei Dein Name, Dein Name gepriesen!" Die Bibel erzählt, dass das Heer des Pharaos den Israeliten folgte; da teilte Gott das Meer, die Israeliten zogen trockenen Fußes hindurch – und die Feinde wurden von den zurückströmenden Wassermassen verschlungen. Auch diese Geschichte bezieht Cohen auf sich: An den „Rand des mächtigen Sees der Sorge" sei er geflohen, „verfolgt von den Reitern eines dunklen und grausamen Regimes". „Doch die Fluten teilten sich und meine Seele ging heraus aus Ägypten. Aus des Pharaos Traum!" Cohen psychologisiert den Exodus, nutzt eine biblische Geschichte, um seinen eigenen Zustand zu beschreiben und so sich selbst besser zu verstehen. Ist das statthaft? Einige Exegeten werden vermutlich die Nase rümpfen, so wie sie es bei der „tiefenpsychologischen Bibelexegese" tun, die auf eine tiefere Dimension biblischer Geschichten hinweist: Ihr geht es weniger um theologische Einordnungen als um archaische, in der Seele jedes Menschen verankerte Ur-Erfahrungen. Cohen ist Bibelkenner, aber kein Theologe. Unbedarft und mit der Freiheit des Dichters eignet er sich die Geschichten, die er seit seinen Kindertagen kennt, an. Seine Art der Bibellektüre ist nicht von missionarischem Interesse geleitet, sondern vom Wunsch nach Selbsterkenntnis. Seinen Lebensweg deutet er als Befreiungserfahrung. Aus Ketten in die Freiheit: eine gelungene Selbstwerdung, könnten Psychologen kommentieren – und sich darüber freuen, wie ein Suchender sein Leben auf der Grundlage seines ihm seit Kindertagen vertrauten Glaubens reflektiert.

Die Wüstenwanderung des Volkes Israel wird für Cohen auch zum Sinnbild für die sozioökonomischen und politischen Verhältnisse in den USA. Im Lied „Democracy" (1992) sehnt er sich eine echte Demokratie herbei. Zurzeit würden die Frauen vor den „Brunnen der Enttäuschung" auf Knien beten „um die Gnade Gottes in dieser Wüste". Das Gelobte Land, das einst den Israeliten verheißen war und das ihnen die Kraft gab, die Ödnis und Anstrengung der 40 Jahre dauernden Wüstenwanderung zu ertragen, steht für die Hoffnung auf eine wahrhaft demokratische und gerechte gesellschaftliche Ordnung. Wobei

es in der Entstehungszeit von Cohens Lied auch reale Wüsten gibt, in denen sich das Leid der Welt konzentriert: etwa im Irak, wo die Opfer von Diktatur und Krieg ausharren und die Frauen für ihre Männer beten, die in den Krieg gegen die US-Truppen ziehen.
Und wenn dann einmal Demokratie eingekehrt sein wird, mutmaßt Cohen, dann „wird der Berg ‚Amen' schreien". Ein Anklang an Psalm 72,3, in dem es heißt: „Lass die Berge Frieden bringen für das Volk und die Hügel Gerechtigkeit."

Im Gedicht „Credo" lässt die Beobachtung einer Heuschreckenwolke Cohen in Gedanken versinken – zuerst natürlich an die biblische Geschichte über die Plagen. Sie handelt davon, dass sich der ägyptische Pharao einst geweigert hatte, die versklavten Israeliten freizulassen. Um ihn gefügig zu machen, schickte Gott Plagen – unter anderem Heuschreckenschwärme, die die Ernte vernichteten (2. Mose 10). Cohen fragt sich, „welche Sklavenvölker" durch die Heuschrecken, die er gerade sieht, „frei würden". Dann verführt ihn seine Geliebte und lenkt ihn von seinen Gedanken ab. Die beiden lieben sich in der Natur; als es Nacht wird, sieht er im Mondlicht eine weitere Heuschreckenwolke, diesmal nicht hungrig, sondern satt. In einer Art Vision ziehen „Bataillone der Unglücklichen, von heiligen Verheißungen entflammt" vorüber. Das führt Co-

hen in ein Dilemma: Soll er seine Liebste verlassen und sich diesen Bataillonen anschließen, um „mit ihnen heilig zu sein"? Er bleibt. Denn „es ist gut, zwischen einem Ruinenhaus der Knechtschaft und einem heiligen Land der Verheißung zu leben".
Beachtenswert, wo in der biblischen Exodusgeschichte Leonard Cohen seinen eigenen Ort sieht: beim Volk, das aus der Knechtschaft befreit ist, dem ein „Land, in dem Milch und Honig fließen" verheißen ist – das es aber noch nicht erreicht hat. Cohen fühlt sich wie ein befreiter Sklave, der unter Moses Führung mit seinen Glaubensgeschwistern und Leidgenossen die Strapazen der Wüstenwanderung erträgt. Er lebt unter dem Eindruck der Unterdrückung. Seine Kraftquelle ist die Zusage Gottes, dass am Ende der Wanderung ein Leben ohne Entbehrungen stehen wird. In der Zwischenzeit, in der Wüste, spielt das Leben: Hier wird geliebt, hier wird gelitten, hier wird geglaubt, gemurrt, gezweifelt, hier wird zu Gott gebetet und hier werden die Götzen umtanzt. Hier findet das Leben statt, in seiner ganzen Fülle, mit allem, was dazugehört. Cohen hält der Versuchung stand, sich voreilig ins Gelobte Land zu imaginieren. Bewusst nimmt er die Wüste auf sich und sucht sich dort Oasen – so wie er sie gerade mit seiner Geliebten in der Natur, zwischen Farnen gefunden hat, eine florale Liebes-Oase.
Damit endend, wäre das Gedicht allerdings zu „schön", um von Cohen zu sein. Der Schluss ist kein romantisches Idyll, sondern offen und mysteriös: In der Erde „rumoren" schon die Larven neuer Heuschrecken; sie werden in absehbarer Zeit schlüpfen und den Pharao in die Knie zwin-

gen. Und die Sklaven, die jetzt noch „Kathedralen bauen, damit andere Sklaven sie niederbrennen", werden befreit.

Auch mit einigen biblischen Gestalten fühlte sich Cohen so verbunden, dass er sie zur Schablone für das eigene Erleben machte. Den starken Heerführer Simson (oder Samson) zum Beispiel. Aus Rache dafür, dass er von einer Frau an die feindlichen Philister verraten wurde, beging er ein Selbstmordattentat: Er ließ den Tempel einstürzen, in dem die Gegner ihren Sieg feierten. Simson selbst wurde dabei mit unter den Trümmern verschüttet und starb (Buch der Richter, Kap. 16). Mit Verweis auf ihn beschreibt sich Cohen einmal selbst als „blind vor Zorn und Tod". Im Gedicht „Samson in New Orleans" ereifert er sich über die Ungerechtigkeit in der Stadt New Orleans. „Versammle die Mörder, bring alle in die Stadt", sagt er, „steh mir bei an diesen Säulen. Lass mich den Tempel einreißen!"

Für Cohen ist keine Situation zu intim, als dass er sie nicht mit biblischen Stellen assoziieren könnte, wie ein anderer Text zeigt, der explizit auf die Samson-Geschichte anspielt: Cohen schildert, wie eine Geliebte ihn mit einem Blowjob beglückt; beim Orgasmus fällt er vor Lust und Erschöpfung auf die vor ihm kniende Frau „mit einem Stöhnen, wie jene Götter auf dem Dach, das Samson einriss". Ein Beispiel dafür, wie Cohen jede Lebenswirklichkeit mit biblischen Motiven verbinden kann. Gottlob verliert er inmitten seiner bisweilen kruden Fantasien und depressiven Weltsichten den Humor nicht. Der sich auch in einem Satz über seine Jugendzeit mit Freund Morton findet: Der von diesem gesteuerte Cadillac habe „eine schwarze Linie durch die tiefen Schneewehen" gezogen, „als übte Moses für den Trick mit dem Roten Meer".

Der zweite große biblische Seelenbruder Cohens ist David. Der Hirtenjunge aus Bethlehem war selbstbewusst und angstfrei, stand in enger Beziehung zu Gott und verfügte über heilende Kräfte. Eigenschaften, die irgendwie zu Cohen passen. Zudem war David musikalisch. Immer wenn König Saul von seinen Depressionen besonders stark heimgesucht wurde, „nahm David die Harfe und spielte darauf mit seiner Hand". So schön, dass sich Saul daran „erquickte" und „der böse Geist" von ihm wich. David lebte als Freischärler und Frauenheld, wurde schließlich zum König Israels gekrönt. Er ließ sich dennoch bisweilen mehr von seinen Trieben als von Gottes Geboten leiten. Die Geschichte des Ehebruchs mit Batseba hat Cohen in seinem Welthit „Hallelujah" verarbeitet (s. u. S. 87ff).
Cohen fühlt sich „wie David, der sich in die Finsternisse der Liebe begab", notiert er in einem psalmartigen Gebet, in dem er Gott bittet, „fertig zu sein mit dieser Bürde von Herz, mit dieser stolzen Verzweiflung". Er möchte

„endlich durchsein mit diesem Abgrund der Liebe", fleht Cohen, „wie David, der sich runterbeugte in die Finsternis seiner Liebe". Cohen schildert David – und sich selbst – als hoffnungslosen, fast gebrochenen Mann, Herrscher über die „Königreiche des Kummers", der an eine schwere Kette gebunden ist. Inmitten dieser „Herzensdunkelheit" schreit Cohen zu Gott, immer wieder setzt er neu an, „ein Wort, ein Atemzug nach dem andern"; er lauscht, verlangsamt den Schritt. Doch auch, wenn er „zwischen die Wörter horchte" und „langsam ginge" – er weiß nicht, ob er bei Gott Gehör findet: „... wirst du dann an diesen Ort kommen / den du für meine Zweifel gespalten hast?" Dennoch bleibt ein Hoffnungsschimmer: „Die Welt beginnt, dich zu erwarten. / Mach den Namen neu, / der das Leid vergessen macht." Würde das David zugeschriebene Buch der Psalmen fortgeschrieben werden: Dieses Gebet Cohens würde aufgenommen.

Auch aus der Vater-Sohn-Beziehung von Abraham und Isaak macht Cohen ein tiefschürfendes Opus. „Die Opferung Isaaks" wird die biblische Geschichte oft überschrieben oder „Die Versuchung Abrahams"; sie steht im 1. Buch Mose 22. Der Hintergrund: Die Ehe des biblischen Stammvaters Abraham mit seiner Frau Sarah war kinderlos geblieben. Um dennoch Nachwuchs zu zeugen, kam das Paar auf eine aus heutiger Sicht befremdliche Idee: Abraham zeugte mit der Dienstmagd Hagar ein

Kind. So wurde Ismael geboren. Dann geschah das Unfassbare: Im Alter von 99 Jahren wurde Sarah mit Gottes Hilfe doch noch von Abraham schwanger. Ihren Sohn nannten die beiden Isaak. Die Familiensituation war kompliziert und eskalierte. Auf Geheiß der eifersüchtigen Sarah schickte Abraham die Magd Hagar und ihren gemeinsamen Sohn Ismael in die Wüste. Eigentlich hätte nun alles gut sein können. Aber dann – schildert die Bibel eine unerhörte Geschichte: Gott habe Abraham aufgefordert, seinen einzigen Sohn zu opfern.
Cohen kennt auch diese Geschichte aus seiner Kindheit. Nun schlüpft er in die Rolle des Isaak und stellt sich vor, wie eines Morgens sein Vater ins Zimmer kommt und mit eiskalter Stimme sagt: „Ich hatte eine Eingebung. Du weißt: Ich bin stark und heilig, ich muss tun, was mir gesagt wird!" Dann muss Isaak mit seinem Vater in die Berge ziehen. Abraham hat eine goldene Axt dabei. Mitten in der Wüste halten sie an, Abraham baut einen Altar und sieht sich um: Alles sicher, hier wird Isaak nicht fliehen können. Als Abraham seine Hand mit der Axt hebt und Isaak schlachten will, hält er zitternd inne – kein Engel, sondern die „Schönheit des Wortes" hat ihn von der Bluttat abgehalten.
Cohen verbindet die Geschichte mit einer Mahnung. Es ist 1968, der Vietnamkrieg tobt und fordert auf allen Seiten unzählige Tote und Verletzte. Der Krieg weitet sich auf Kambodscha aus. Bilder von Kindern, die durch amerikanisches Giftgas schrecklich leiden, lassen die Menschen am Sinn des Krieges zweifeln. Cohens Lied über die Geschichte Isaaks ist vor diesem Hintergrund

ein eindrücklicher Kommentar. Streng wie ein biblischer Prophet geht er mit den Kriegstreibern ins Gericht. „Ihr, die ihr solche Altäre jetzt baut, um Kinder zu opfern: Hört auf damit!" Zumal in Vietnam kein Engel und kein Gott eingreift und Kinder vor der Tötung rettet. Cohen möchte nicht mehr Bruder genannt werden von denen, die Gewalt gegen Kinder ausüben. „Gnade deiner Uniform!", singt er mystisch, „Mann des Friedens und Mann des Krieges!"
Cohen versteht es, die vermeintlich alten biblischen Legenden in die Gegenwart zu übertragen.

Auch zwei anderen jüdischen Künstlern der Generation Cohens hat diese Geschichte der Opferung Isaaks keine Ruhe gelassen.
Der eine: Bob Dylan, fünf Jahre jünger als Cohen, aber schon länger im Musikgeschäft als dieser. 1965 eröffnete er mit der Geschichte Isaaks einen seiner Songs, „Highway 61 revisited". So heißt die Landstraße, die von Dylans Geburtsort Duluth gen Süden bis nach New Orleans führt. Auf dieser Straße soll Abraham seinen Sohn töten, verlangt Gott. Im Song allerdings bleibt dies nur eine rätselhafte Anspielung; die Deutung überlässt er, wie so oft, den Hörern. Highway 61, das war die Straße, die Dylan aus seiner Heimatstadt in das Gebiet führte, in dem Blues und Jazz entstanden: Wollte er vielleicht sagen, dass der Weg zur eigenen Bestimmung über die Gefahr der Tötung laufen muss?

Der andere Künstler: der Komiker und Filmemacher Woody Allen, ein Jahr nach Leonard Cohen geboren. Mit der ihm eigenen Ironie entlockt er der Geschichte von Abraham und Isaak neue Tiefen. Er lässt Abrahams Frau Sarah mitdiskutieren. Woher er denn wisse, dass es wirklich Gottes Stimme war, fragt sie Abraham; der wiederum findet keine Antwort – außer, dass es eine unfassbar „tiefe und klangvolle Stimme" war. „Und du bist willens, diese Tat auszuführen?", fragt Sarah ihn. Abraham antwortet in fundamentalistischer Manier: „Das Wort des Herrn in Frage zu stellen, ist das Schlimmste, was jemand tun kann!" Also zieht er mit Isaak in die Wüste, legt seinen Sohn auf den Opferaltar, hebt das Messer. Im letzten Moment hält Gott seine Hand fest und mahnt Abraham: „Wie konntest du so etwas tun?" Abraham ist verblüfft, will wissen, ob denn sein Gehorsam nicht ein Beweis seiner Liebe zu Gott sei?! „Das beweist nur, dass einige Menschen jedem Befehl folgen, ganz egal, wie kreuzdämlich er ist, solange er von einer wohlklingenden melodischen Stimme kommt", erwidert Gott. Woody Allens Botschaft ist klar: Niemand kann sich sicher sein, ob es wirklich Gott ist, der da zu einem spricht.

Cohen, Dylan und Allen: jüdische Künstler, die zu den erfolgreichsten und wirkmächtigsten unserer Zeit zählen. Und die allesamt ihre jüdischen Wurzeln nicht verleugnen, sondern in kreativer Weise fortschreiben.

Das Privileg gehabt zu haben, eine alte Tradition zu kennen, war meiner Meinung nach entscheidend in meinem eigenen Leben", sagt Cohen einem Interviewer und nennt die Bibel „das wohl wichtigste Buch in meinem Leben", das ihn sehr berührt habe. Als Beispiele nennt er die Klagelieder, „das Gefühl der Größe bei den Propheten, das Gefühl der chaotischen Offenbarung im Buch der Offenbarung". Lese er die Bibel, schlage sein Herz schneller; „die kraftvolle Sprache und die Bilder der Bibel" zogen ihn an, und diese Bilderwelt wollte er mit jedem teilen. „All die Geschichten, von David bis Jesus, die Idee eines heiligen Gesetzes, einer Offenbarung, eines geweihten Lebens, einer messianischen Bestimmung" waren für ihn eine Quelle, aus der er immer wieder habe schöpfen können. „Diese Poesie", so bekennt er, „habe ich für mich genutzt." So fühlt es sich wohl an für die, die „im Herzen der Bibel geboren" sind.

Fotos auf den folgenden Seiten:
S. 62: 2008 in Edinburgh
S. 63 oben: Juni 2013 in Paris
S. 63 unten: Konzert in Dänemark, 2013
S. 64: Januar 2012, Paris
S. 65: Mit seiner Lebenspartnerin Anjani Thomas, Juli 2007, Paris

Liebestanz im Feuerofen

Die poetische Art, mit dem Holocaust umzugehen

Eine weltgeschichtliche Katastrophe prägt die Identität von Jüdinnen und Juden besonders: die Schoa, der Holocaust, die systematische massenhafte Ermordung durch das nationalsozialistische Terrorregime mit all seinen Helfershelfern: grausamer Höhepunkt nach einer Jahrhunderte währenden Geschichte von Verfolgungen und Pogromen. Leonard Cohen kennt diese Geschichten aus den Erzählungen seiner Familie und in der jüdischen Gemeinde. Als er acht Jahre alt ist, erlebt er antisemitische Demonstrationen in seiner Heimatstadt Montreal – da, wo er sich eigentlich sicher wähnt. Französische Nationalisten versuchen, die Menschen gegen Juden aufzubringen. Sie rufen antijüdische Parolen, beschmieren Hausfassaden damit. Fensterscheiben jüdischer Geschäfte gehen zu Bruch. Was er hört und erfährt, rumort in seiner Seele. Cohen verarbeitet es – wie alles, was ihn bewegt – literarisch auf seine ganz spezielle Weise.

„Flowers for Hitler" – „Blumen für Hitler" nennt er 1964 sein viertes Buch. Die Sammlung von Gedichten umfasst wieder das Themenspektrum von Liebe und Besessenheit,

Sex und Religion, Mystik und Melancholie. Hinter allem schwebt Cohens Beschäftigung mit dem Holocaust. In einigen der Gedichte bringt er sie ausdrücklich zu Wort. Da trifft sich der Jude Cohen zum Gespräch mit Hitler – erkennbar am schwarzen Schnurrbart und den Lederhaaren. „Beiß nicht auf deine Nägel", mahnt Cohen den Diktator und behandelt ihn wie ein aufsichtsbedürftiges Kind: „Bleib nicht die ganze Nacht wach und schau nicht Paraden auf Late-Night-Shows!" Er sollte „das Grinsen" von seinem Gesicht wischen, bittet Cohen ihn weiter. Was folgt, liest sich wie ein Gedankeninferno aus dem Kopf des an dem Geschehenen verzweifelnden Cohen. Rommel, Churchill, Napoleon, der Westfälische Friede und Hiroshima – historische Persönlichkeiten und Ereignisse vermischen sich mit Themen des Holocaust. Bilder von Zügen von Deportierten tauchen auf, „trauriges Konfetti" weht, die Fahrenden „schreien traurig aus meinem täglichen Leben". Am Ende erwähnt Cohen „Hitler und seine Ladies", nennt Hitlers Geliebte Eva Braun und seine Nichte Geli Raubal, mit der er eventuell auch ein Liebesverhältnis geführt hatte. Cohen schließt mit dem Satz: „Ich kann ihre nackten und liebevollen Körper nicht aus meinem Kopf bekommen" – und entschuldigt sich bei seinem Lesepublikum für seine „geschmacklosen Schlussbemerkungen".

An die Festnahmen und Deportationen von Jüdinnen und Juden erinnert das Poem „Warnung". Cohen spricht die Leser direkt an: Sie mögen nicht nach den Nachbarn fragen, die so plötzlich verschwunden sind. „Sag nie zu deiner Tochter, wenn ihr von der Kirche nach Hause geht: Komische Sache mit diesem Mädchen, ich hab sie seit einem Monat nicht mehr gesehen." Warum nicht? Aus Angst, wegen des Nachfragens selbst zum Opfer der Schreckensherrschaft zu werden. Auf diese Weise nimmt Cohen das Mitläufertum in Nazi-Deutschland sarkastisch aufs Korn.

Im Gedicht „Folklore" schildert Cohen ein sommerliches, vermutlich deutsches Dorfidyll mit Kirchlein und Schule. „Blumen für Hitler gähnte der Sommer", beginnt es. Dann erzählt Cohen, dass die Bewohner ihre Häuser „für einen Feiertag" streichen. Ein paar „Hündchen" machen Liebe, „die Fahnen leuchten wie frische Wäsche". Beim Lesen entstehen unwillkürlich Bilder eines reinlichen, durch Hitzeflimmern lahmgelegten reinen Dorfs in Bilderbuchkulisse, eine Idylle wie aus einem in den Alpen spielenden Nazi-Propagandafilm. Da ist leicht zu übersehen, dass hinter den sauberen Fassaden, inmitten der äußerlichen Reinheit, das Grauen lebt.

Ein anderes sehr finsteres Gedicht kontrastiert scharf die bürgerliche Spießigkeit mit dem wahnhaften Handeln: „Das Scheitern eines weltlichen Lebens". Ein Folterer kam nach Feierabend nach Hause, „stellte seine schwarze Tasche ab". Seine Frau „trat ihm mit einem offenen Nerv entgegen und einem Schrei, den die Branche nie gehört". Cohen präsentiert zwölf Zeilen Sarkasmus. Der Mann „sah sich ihr waschechtes Dachau an, wusste, seine Karriere war ruiniert". Er verkaufte seine Folterutensilien und zerbrach. „Ein Mann muss seiner Frau was bieten können." Mit diesem Satz lässt Cohen die rabenschwarze Geschichte enden. Allein schon die Gleichsetzung des weltlichen Lebens mit dem Beruf eines Folterers zeigt, wie weit er sich vom Mainstream entfernt hat. Oder stecken doch mehr Gedanken darin – will der Dichter behaupten, dass die Konsequenz eines nichtgeistlichen Lebens in Verzweiflung endet, deren Dramatik an den Holocaust erinnert?

„Liebende": Das Gedicht, das diesen Titel trägt, schockiert. Cohen malt sich verstörende Traumszenen aus, in denen Erotik und Holocaust eine unvorstellbare Verbindung eingehen. „Im ersten Pogrom trafen sie sich hinter den Ruinen ihrer Häuser", beginnt das Poem und schildert ein Paar, das sich mitten in Krieg und Verfolgung einen Ort sucht, an dem es sich lieben kann. Liebe angesichts des Todes ist kein originelles Motiv. Cohen aber erweitert es. „Bei den heißen Öfen erschwindelten sie sich listig einen kurzen Kuss" – bis ein Soldat auftauchte, „um ihr die Goldzähne auszuschlagen". Ein Liebeskuss und die brutale Gewalt der Nazi-Schergen prallen in vier Gedichtzeilen aufeinander. Cohen lässt die Deutung zu: Der Mann ist ein Nazi, warum sollte ihm sonst nichts passieren? Die nächste Strophe führt ins Krematorium. Mitten in den lodernden Flammen „versuchte er, ihre brennenden Brüste zu küssen". Sollte Cohen hier das Motiv des biblischen Propheten Daniel aufnehmen, der von seinem Widersacher in einen Feuerofen geworfen wurde – und überlebte (Daniel 3)? Ist der Mann in Cohens

Gedicht doch kein Nazi – sondern eine Erscheinung Gottes, die der Frau im Todeskampf Liebe schenkt? Das Ende des Gedichts gibt keine Antworten, sondern verwirrt noch mehr. Ob der Handel perfekt geworden sei, fragt er, „während Männer um ihn her plünderten, und er wusste, er war betrogen".

Zwanzig Jahre später verarbeitet Cohen die bizarr anmutende Mischung aus den Themen Holocaust und Liebe, aus Geschichte und Mystik in einem großartigen Lied: „Dance Me to the End of Love". Inspiriert wird Cohen dazu, als er von den sogenannten Häftlingsorchestern erfährt: Orchestern, die in den Konzentrationslagern spielten. Mit ihrer Musik sollten sie auch die Schreie der Opfer bei Hinrichtungen übertönen und den Gang in die Gaskammern auf zynische Weise begleiten. Andererseits spielten die Häftlingsorchester auch bei Empfängen der Lager-Kommandeure. Als Cohen davon hört, setzt sich ein Gedankenkarussell in Gang. Das Lied, das so entsteht, ist so etwas wie ein Liebesschwur im Angesicht des Todes. Vordergründig geht es um eine Aufforderung zum Tanz. Doch es ist eine „brennende Violine", die das Lied spielt: Der Tanz soll den Schrecken nehmen und den Sänger sicher nach Hause bringen. In dieser unvorstellbar grausamen Situation erklingt die gebrochene Schönheit klassischer Musik. „Dance Me to the End of Love" kommentiert diese Gräuel im Konzentrationslager, es ist ein verzweifelter Tanz bis in die Gaskammer, ein Tanz, zu dem jüdische Geiger aufspielen müssen, die selbst dem Tod geweiht sind.

Zu der Zeit, als das Lied entsteht, ist Cohen mit Dominique Issermann liiert. Er hatte sie auf Hydra kennengelernt und sich sofort in sie verliebt. Die Französin ist vielleicht sein einziger Lichtblick in einer Zeit der Depressionen. Ihre Profession und Leidenschaft gehört der Fotografie. Schauspielerinnen und Musiker lassen sich von ihr fotografieren: Catherine Deneuve, Gérard Depardieu, Gregory Peck. Haute-Couture-Designer lassen ihre Kollektionen von ihr ablichten. Dominiqe Issermann hat eine unverwechselbare Bildsprache entwickelt: klare Linien und Formen, kunstvolle Lichtsetzungen, menschliche Körper, die in ihrer Schönheit und Erotik wie entrückt wirken. Auch von Leonard Cohen macht Issermann Fotos, wie es sie noch nicht gegeben hat. Ein Mann in den besten Jahren, vollendet gestylt, männlich-melancholisch dreinblickend, gentlemanlike, aber doch mit einer Ahnung von Abgründen. Für den Song „Dance Me to the End of Love" produziert sie ein Video. Es zeigt: Die Tiefen, das Denken und die Eigenheiten ihres Geliebten hat sie verstanden und kann sie kreativ in bewegte Bilder umsetzen. Mit seiner mystisch-lasziven Aura und den behutsamen, aber deutlichen visuellen Anspielungen auf die hinter dem Song steckende Holocaust-Thematik schafft sie ein Meisterwerk der Popvideo-Kultur.
Es beginnt in einem Krankenhaus-Saal mit vielen Betten. Eine junge hübsche Frau mit Schmolllippen – gespielt

von Model und Tänzerin Susan Hauser – geht zum Bett, in dem Leonard Cohen liegt, und deckt ein Leichentuch über sein Gesicht. In der nächsten Szene singt er aber, kalt blickt er in die Kamera – oder ist es sein Geist? Der Mantel der Schönen liegt auf Cohens Bett; sie geht voran durch das Krankenhaus, er folgt ihr. Sie verschwindet, dann tanzt sie zur Musik eines greisen Geigers grazil einen Flur entlang, wie ein betörender Totentanz zur „burning violin" wirkt das. Die folgende Szene führt in ein Labor; Cohen zieht der Frau einen Ring vom Finger, der in eine Flüssigkeit fällt und sich auflöst. Die beiden finden sich in einer Baby-Station wieder, die Neugeborenen liegen in futuristischen Glaskugeln. Wieder wechselt die Kulisse, sieht nun aus wie von Rembrandt gemalt: Die Schöne steht, nur mit einem Tuch verhüllt, in einem Hörsaal. Viele Männer und Frauen beobachten sie, schreiben sie oder zeichnen sie sie?
Das Ende des Videos führt zurück in den Krankensaal des Anfangs. Und zeigt die schöne Frau, wie sie ihr Gesicht mit einem Tuch verhüllt.

„Dance Me to the End of Love" hat das Zeug zu einem Welthit. Kurz vor dem Beginn seiner Australientournee ist Cohen in eine dortige Fernsehshow eingeladen. Mit seiner Band singt er den Song vor Studiopublikum. Danach möchte der Moderator Mike Walsh ein Gespräch mit Cohen führen. Beide sitzen sich in einem Sessel gegenüber: der geschwätzige Fernsehmann und der tiefsinnige Musiker. Es beginnt mit Smalltalk – Cohen steigt darauf nicht ein. Als er etwas von der spirituellen

Dimension seiner Musik erzählen will, ist es dem Moderator offensichtlich zu anspruchsvoll. Mit seinen kleinen Scherzen landet er weder bei Cohen noch beim Publikum. „Wie kam es denn zu dem Song ‚Dance Me'?", fragt schließlich der Moderator. „Ich fürchte, jetzt muss ich viele runterziehen", antwortet Cohen, „wollen Sie es wirklich hören?" Gelächter im Publikum, denn die Gäste denken, Cohen mache einen Witz. „Ich habe erfahren, dass in Konzentrationslagern Musiker herausgesucht und zu Streicherquintetts zusammengestellt wurden." Sie haben gespielt, als die Nazis ihr Mordwerk getan haben. „Das Lied kann ein Gebet oder ein Liebeslied sein. Wenn Sie das bedenken, hat der Song eine andere Ausrichtung!" Stille im Publikum. Der Moderator versucht, einen empathischen Blick aufzusetzen und fragt, ob es nicht seltsam sei, dass das Lied bei Hörern ganz andere Gedanken und Gefühle hervorruft. Cohen überlegt und antwortet: „Ja, aber wenn ein Song aus einem tiefen Ort kommt, wird er große Weite haben."

Bis heute blenden viele das dramatische Untergrundthema des Songs aus. „Dance Me to the End of Love" wird gerne als Liebeslied bei Hochzeiten gesungen, die „burning violin" als Liebesglut-Geige gedeutet. Bemerkenswert ist auch eine Veröffentlichung in der Buchreihe „Art & Poetry" mit dem Namen des Liedes als Buchtitel. Dem Lied werden Bilder des französischen Malers Henri Matisse (†1954) beigestellt. Im Werbetext schreibt der Verlag vom „aufregend romantischen Lied Leonard Cohens, großartig bebildert mit den sinnlichen Bildern

Henri Matisses“. Es fehlt jeder Hinweis darauf, dass der Tanz eigentlich vor den Krematorien der deutschen Konzentrationslager stattfindet.

Im Gedicht „Genius“ spielt Cohen mit jüdischen Klischees und antisemitischen Vorurteilen.
„Für dich will ich ein Gettojude sein und tanzen … und Brunnen vergiften in der ganzen Stadt.“ Juden als Brunnenvergifter: Diese Vorstellung stammt aus dem Mittelalter. In Zeiten von Pest und Seuchen waren Juden willkommene Sündenböcke; sie hätten die Brunnen vergiftet, um Christen zu töten, hieß es. 1161 ist dies erstmals in Böhmen belegt; es folgten in ganz Europa grausame Pogrome. Dass Juden bisweilen später an der Pest erkrankten als Christen, lag an den anspruchsvollen religiösen Hygienevorschriften, die sie einhielten. Bis ins 19. Jahrhundert wirkte dieses hartnäckige Stereotyp weiter – in abgeänderter Form sogar bis in die Verschwörungstheorien, die im Jahr 2020 Juden als Verantwortliche für die Corona-Pandemie nennen. Der Jude Cohen bezichtigt sich in dem Gedicht weiterer Vorwürfe und treibt sie damit ad absurdum. Er sei der „abtrünnige Jude“, der spanischen Priestern seine Glaubensgeschwister verrate. Er sei ein „Bankjude“, ein „Broadwayjude“, der „unterm Ladentisch“ Geschäfte mache. Auch in die Rolle des „Doktor Jude“ schlüpft Cohen, die deutsche autorisierte Übersetzung

gibt den Begriff mit „Arztjude" wieder. Was Cohen damit meint, bleibt unklar. Zuzutrauen ist ihm im Sinnzusammenhang des Poems eine Anspielung auf den jüdischen Arzt Eduard Bloch, der 1907 in Linz Adolf Hitlers Mutter Klara behandelte, ihren Krebstod aber nicht verhindern konnte. Hitler, damals 18 Jahre alt, hatte sich innigst bei Bloch bedankt, ihm sogar zwei Postkarten geschickt, „ewig dankbar" werde er dem Arzt sein. Bloch war für Hitler ein „Edeljude", die Nationalsozialisten gewährten ihm viele Privilegien und wollten ihn zum „Ehrenarier" machen. Bloch lehnte ab und emigrierte in die USA, nicht ohne Hitler seine „tiefste Ergebenheit" zu versichern. Die am Ende tragische Gestalt des Dr. Eduard Bloch hätte sicher Cohens Interesse geweckt; ob er sie beim Verfassen seines Gedichtes im Sinn hatte, ist so wenig belegt wie gut vorstellbar. Cohen lässt ein weiteres abgründiges Bild folgen: Der „doctor jew" sucht „in allen Mülleimern nach Vorhäuten", die er wieder annähen kann. Ein jüdischer Arzt, der die Beschneidung, das kurz nach der Geburt vollzogene Ritual, das den Eintritt in die jüdische Gemeinschaft markiert, rückgängig macht – der also Juden dabei hilft, ihren Glauben abzulegen? Eine unerhörte, sarkastische Vorstellung. Es ist ein Zeichen von Cohens Dichtkunst, dass er solche Bilder nie auf Kosten anderer macht; die Worte, die er wählt, lassen den Leserinnen und Lesern, gleich ob jüdisch oder nicht, das Entsetzen wie das Lachen im Halse stecken bleiben. Er verletzt keine religiösen Gefühle, denn Cohen selbst ist ja Teil der Szenerie, er schöpft selbst aus dem reichen Schatz jüdischer Kultur und Literatur.

In der letzten Strophe seines Gedichtes geht Cohen noch weiter. „Für dich will ich ein Dachaujude sein, will mich niederlegen im Kalk mit verrenkten Gliedern und maßlosem Schmerz, den kein Verstand begreifen kann.“
Auffällig ist: Im Abschluss seines Gedichtes erspart sich Cohen alle Zweideutigkeiten und vagen Bilder. Aus Fantasiebildern und Überzeichnungen kehrt er zurück in die historische Realität des Konzentrationslagers Dachau, in das dokumentierte Leiden der Holocaust-Opfer.

Was ist ein Jude, was macht einen Juden aus? Cohen bürstet die Stereotype, die oft als Antwort auf diese Frage erwartet werden, kräftig gegen den Strich. In seinem Gedicht „Hitler der Hirnmaulwurf" meint er, Hitler, Göring, Goebbels würden in ihm wirken, schreibt Cohen provokant. „Zwecklos einem Mann zu sagen, dass er Jude ist. Ich mach einen Lampenschirm aus deinem Kuss!" Womöglich erinnert er mit der Formulierung an den Kuss, mit dem Judas Jesus verriet.

Die Tatsache des Holocaust treibt Cohen an den Rand des Verstehens. Dennoch findet er immer wieder Worte, um sich dem Unvorstellbaren anzunähern – in Gedichten und Liedtexten. Er lässt nicht zu, dass die Finsternis, die sich im Holocaust zeigte, die Macht über das Gute gewinnt. „Ich glaube, es gibt etwas Heiliges auf dieser Welt, auch wenn sie voll Schlächter und Mörder ist", sagt er in einem Interview und freut sich über „Leute, die jetzt aufstehen, um sich für dieses Heilige starkzumachen". Er singe „für die Juden und Gypsys und den Rauch, den sie gemacht haben", dichtet er und ruft „einen Retter" an, nicht an ihm vorbeizugehen, „denn ich bin blind / und du kannst sehen".

Mitte der 1980er-Jahre in New York

Die Nachtigall vom Sinai

Gott, Krieg und der Tod

Jom Kippur ist das höchste Fest des Judentums. Es bildet den Abschluss einer zehntägigen Reue-Zeit, die am Neujahrstag (Rosch ha-Schana) beginnt. Zehn Tage Reue und Umkehr. Und am Ende ein Fastentag. Auch die allermeisten säkularen Juden halten sich an diese jüdische Tradition. Das Fasten tut der Seele gut. Gottesdienste auch. Sie beginnen am Abend mit einem gemeinsamen Sündenbekenntnis; den Abschluss bildet der Aaronitische Segen. Am nächsten Morgen wird eine Rede des Propheten Jesaja gelesen, der das Fasten erklärte: Es gehe nicht nur um einen spirituell motivierten Verzicht, wichtig sei vielmehr das konkrete Verhalten: „Das ist ein Fasten, wie ich es liebe: die Fesseln des Unrechts zu lösen, die Stricke des Jochs zu entfernen, die Versklavten freizulassen, jedes Joch zu zerbrechen, an die Hungrigen dein Brot auszuteilen, die obdachlosen Arme ins Haus aufzunehmen, wenn du einen Nackten siehst, ihn zu bekleiden und dich deinen Verwandten nicht zu entziehen. Dann wird dein Licht hervorbrechen wie die Morgenröte und deine Wunden werden schnell vernarben. Deine Gerechtigkeit geht

1973 vor israelischen Soldaten während des Jom-Kippur-Kriegs

dir voran, die Herrlichkeit des HERRN folgt dir nach" (Jesaja 58,6-8). Der Klang des Schofars, eines Blasinstruments aus dem Horn eines Widders, beschließt den Jom Kippur.
In den folgenden Tagen wünschen sich Juden und Jüdinnen gegenseitig: „Gmar chatima tova! – Möge deine Einschreibung ins Buch des Lebens endgültig sein!" Ein merkwürdiger Spruch. Zugrunde liegt die jüdische Vorstellung, dass Gott in ein Buch schreibe, wer das begonnene Jahr ganz erleben und wer sterben wird – und woran: Krankheit, Alter, Hunger, Verbrechen? Das „Unetaneh tokef", ein liturgisches Gebet, das am Neujahrstag und am Jom Kippur vorgetragen wird, erinnert an die Unvorhersehbarkeit des Todes. Leonard Cohen kennt es seit Kindheitstagen. In der Synagoge in Montreal hörte er das Lied erstmals als Fünfjähriger, neben seinen „Onkeln in ihren schwarzen Anzügen" sitzend, und war gebannt von der Vorstellung, dass Gott seinen und die Namen aller Menschen in Bücher schreibe. Er hört den heiligen Text: „An Rosch ha-Schana wird es eingeschrieben, und an Jom Kippur wird es besiegelt – wie viele vergehen und wie viele geboren werden, wer leben und wer sterben wird, wer zu seiner Zeit und wer durch einen vorzeitigen Tod, wer durch Wasser und wer durch Feuer, wer durch Schwert und wer durch wildes Tier, wer durch Hunger und wer durch Durst, wer durch Erdbeben und wer durch Pest, wer durch Erwürgen und wer durch Steinigung stirbt, wer in Ruhe leben wird und wer herumirren muss, wer in Frieden leben wird und wer verfolgt wird, wer heiter sein kann und wer gequält wird, wer verarmt und wer reich wird, wer ent-

würdigt und wer erhöht wird. Aber Buße, Gebet und Rechtschaffenheit können die Schwere des Urteils abwenden."

1972 kommt Leonard Cohen dieser Text wieder in den Sinn. In London plant ein jüdischer Student ein Benefizkonzert für Israel im Wembleystadion. Cohen wird angefragt. Im Vorfeld spricht er mit anderen über die Situation der Juden in England. Cohen fällt das Unetaneh tokef ein, er fragt, ob jemand den Text dahabe. Zwei Tage später bringt ihm jemand ein jüdisches Gebetbuch. Cohen liest diese Zeilen und denkt über die Fragen nach, die sich aus diesem Glauben ergeben. Kann es sein, dass der Todeszeitpunkt jedes Menschen vorherbestimmt ist? Ist es ein Willkürakt, den Gott an den Menschen vollzieht? Beurteilt Gott die Menschen nach ihrem Verhalten?

Der Jom-Kippur-Tag des darauffolgenden Jahres fällt auf den 6. Oktober. Cohen ist mit seiner Frau Suzanne Elrod und dem gemeinsamen Sohn Adam, gerade ein Jahr alt geworden, auf Hydra. Hier gibt es keine Synagoge. Aber für Cohen hat der Tag seine Bedeutung. Nachmittags hört er im Radio die Nachricht, die die gesamte Welt bewegt. Ägypten und Syrien haben Israel angegriffen. Und für ihren Überraschungsangriff ausgerechnet Jom Kippur gewählt – den Tag, an dem das öffentliche Leben in Israel stillsteht.

Cohen spürt sofort den Drang, nach Israel zu reisen. Er möchte seinem „mythischen Zuhause“ beistehen. Am nächsten Tag besteigt er die Fähre nach Piräus, in Athen kann er noch einen Platz im Flieger nach Tel Aviv ergattern. Er ist einer von vielen Juden, die dorthin aufbrechen.

Doch was will Cohen wirklich, weshalb lässt er seine Frau und seinen Sohn alleine, was hat er vor? Eine schlüssige Antwort darauf gibt es nicht. Cohen bleibt sein Leben lang wortkarg, wenn er darauf angesprochen wird. Aber es gibt einige mögliche Hinweise. Sie finden sich in Texten, die er in jenen Wochen schreibt – Texte, die mal wie Tagebucheinträge wirken, mal wie Vorarbeiten zu einem Roman. Im Blick auf ihre Aussagekraft sind sie also mit einer gewissen Vorsicht zu genießen.
Wahrscheinlich gibt es nicht nur einen, sondern eine ganze Mischung von Gründen, miteinander verwoben und im Nachhinein schwer zu entknäueln. Cohen war das frische familiäre Leben zu langweilig, er fühlte sich nicht wie ein „Bird on a Wire“; sondern zunehmend wie ein Vogel im Käfig. Vielleicht fand er „die Spannung des Krieges“ reizvoller als „diese Tortur aus Wärme und Monotonie“, so ist in seinem Manuskript zu lesen. An anderer Stelle schrieb er, an seine Frau gerichtet: „Weil es so schrecklich ist zwischen uns, werde ich gehen und die Ägypter stoppen.“
Einen weiteren möglichen Grund hat der kanadische Journalist Matti Friedman herausgearbeitet, der die lange unbekannten Cohen-Texte im Jahr 2022 veröffentlichte und auswertete. Cohen beschreibt darin eine sexuelle Begegnung gleich nach seiner Ankunft in Israel in einem

Hotel. Ein Satz lässt aufhorchen: „Die innere Stimme sagte, du wirst erst wieder singen, wenn du die Unzucht aufgibst." Ist das ein Hinweis auf die Schaffenskrise, in der Cohen 1973 steckte? Er hatte viele Frauengeschichten erlebt und erlitten, seine Auftritte absolvierte er unter Drogen – sie verliehen ihm diese fast übernatürlich wirkende Aura. Womöglich spürte er, dass es so nicht weitergehen konnte. Aber auch für das Familienleben fühlte er sich nicht geschaffen. Die „Flucht" in den Krieg war ein gutes Mittel, sich existenziell abzulenken.

In Israel wird Cohen erkannt. Er ist ein Weltstar, im Jahr zuvor hat er ein viel beachtetes Konzert gegeben. Im Café sprechen ihn Musiker an. Was er hier mache, wundern sie sich. Er antwortet, er wolle sich als Freiwilliger in einem Kibbuz engagieren, um die Arbeitslücken aufzufüllen, die durch den Einzug der Soldaten und Soldatinnen entstanden sind. Das ist plausibel. Eine Kampfausbildung hatte Cohen nicht, selbst in den Krieg zu ziehen war unrealistisch. Außerdem: Er hat keine Gitarre mit nach Israel gebracht. Musik machen hatte er offensichtlich nicht vor. Doch genau dazu überredet ihn das Musikerpärchen, das er kennenlernt. Ganz Israel ist unter Schock. Auf dem Sinai wurden israelische Stellungen überrumpelt, zahlreiche Tote waren zu beklagen, viele junge Menschen, um die zwanzig Jahre alt. Im Norden war Syrien über die Golanhöhen auf Israel vorgerückt. Israel wurde in die Zange

genommen, es ging ums pure Überleben des 1948 gegründeten Staates.
An den Fronten fanden harte und blutige Kämpfe statt. Ganz Israel fieberte mit. Musikerinnen und Musiker wurden in die Soldatenlager gebracht, um den Soldaten zu zeigen: Es gibt noch etwas anderes als den Krieg. Und wir lassen euch nicht allein. Viele der Musiker geben Konzerte, reisen dann aber schnell wieder ab. Leonard Cohen nicht. Der Weltstar will keine Privilegien. In Armeekleidung nimmt er am Leben in den Lagern teil. Wenn ihm ein Bett angeboten wird, lehnt er ab, will lieber wie die Soldaten im Schlafsack auf dem Boden schlafen. „Nachtigall vom Sinai“ nennen sie ihn.
Fotos zeigen ihn Gitarre spielend zwischen jungen Soldaten, in deren Gesichter die Strapazen des Krieges eingezeichnet sind – auf denen aber auch Freude über Cohens Musik zu sehen ist. Er spielt seine bekannten Lieder: „Bird on a Wire“. „Hey thats no way to say goodbye“. „So long, Marianne“. Und immer wieder „Suzanne“. Das Lied wird am häufigsten gewünscht, wohl weil seine monotone Melodie und die Liebesgeschichte die Zuhörer binnen weniger Sekunden in eine andere Welt jenseits des Krieges versetzen.

Cohen sieht Dinge, die er noch nie gesehen hat. Er besucht Feldlazarette, in denen die schlimmsten Verletzungen behandelt werden; er riecht Verwesung und Tod. Und er fragt sich: Wozu das alles? Ein Lied kommt ihm in

den Sinn, er singt es auch in der Wüste, ein Lied, in dem er seine Eindrücke poetisch verarbeitet. „Ich ging hinunter in die Wüste, um meinen Brüdern im Kampf zu helfen", beginnt es, der Refrain ist einfach: Siebenmal singt er das Wort „Lover", dann „come back to me": „Geliebter, komm zurück zu mir". Wer dieser Lover ist, lässt er offen: Ist es die besorgte Mutter, die auf ihren Sohn wartet, der im Krieg kämpft? Ist es Gott, der auf seine Gläubigen wartet? In den weiteren Strophen kommt seine Unentschlossenheit zum Ausdruck. Er habe seinen Vater gebeten, seinen Namen zu ändern: Der, den er verwendet, sei mit Schande beschmutzt. Der Vater – ist es Gott? – antwortet: „Ich habe dich in diesen Körper eingeschlossen, du kannst ihn als Waffe benutzen oder um Frauen glücklich zu machen."
Das Ende des Liedes klingt wie ein Segen für die Soldaten, denen er es vorspielt: „Möge der Geist dieses Liedes dir ein Schild sein gegen den Feind." Nach seiner Rückkehr hat Cohen die erste Strophe gestrichen – sie war ihm zu sehr auf der Seite Israels, er wollte ein Lied über den Krieg schreiben, da gehe es nicht um die eine oder andere Seite.
Ein weiteres Lied entsteht in Cohens Kopf und Herz während dieser Kriegstage. Den Tod fast täglich vor Augen, geht ihm das „Unetaneh tokef"-Gebet nicht aus dem Sinn. Er möchte infrage stellen, ob tatsächlich Gott für den Tod verantwortlich ist. „Who by Fire" nennt er sein Gebetslied, er zählt mehrere Todesarten auf: Feuer. Wasser. Körperlicher Verfall. Gewalt. Die eigene Hand. Doch er lässt die Antwort offen: „Who shall I say is calling?", lautet der mantraartige Refrain: „Wer, soll ich sagen, ruft?"

Das gebrochene Hallelujah

Glaube, Lust und die Abgründe der Sexualität

„Gepriesen sei Gott!" So lautet die Übersetzung des hebräischen Rufes „Halleluja(h)". Weltweit wird es täglich millionenfach in christlichen und jüdischen Gottesdiensten und Ritualen gesungen oder gesprochen. An Sonntagen noch häufiger. Leonard Cohen kennt dieses Gotteslob seit seiner Kindheit aus der Synagoge und aus der Kirche. Womöglich kennt er auch den Jazzsong „Hallelujah!" aus seiner Kindheit, vielleicht hat sein jazz- und sangesbegeisterter Vater den Ohrwurm-Song aus dem Broadway-Musical „Hit the Deck" zu Hause lauthals mitgesungen.
1980, Cohen ist 46 Jahre alt, beginnt er, einen Song darüber zu schreiben. Warum? Das begründet er später so: „Die Welt ist voller Konflikte und Dinge, die nicht wieder ins Lot gebracht werden können. Aber es gibt Augenblicke, in denen wir das dualistische System durchdringen und das ganze Durcheinander miteinander aussöhnen und umarmen können." Selbst in unmöglichen Situationen gebe es „Augenblicke, in denen man den Mund öffnet und die Arme in die Höhe reißt ... und einfach ruft: ‚Halleluja'".

1988 in Venedig

Seine persönliche Situation regt zu jener Zeit nicht gerade zum Gotteslob an – oder vielleicht doch? Er schlittert in eine Krise, auf mehreren Ebenen. Finanziell: Die letzten Langspielplatten hatten sich nicht mehr so gut verkauft. Ja, er ist noch ein Star, auch in Europa. Aber die großen Hits bleiben aus. Der Zauber der Anfangsjahre ist längst verflogen. Die Ehe mit Suzanne Elrod ist gescheitert, Cohen muss ihr Unterhalt zahlen, auch für die beiden Kinder. Sein Lebensstil fordert seinen Tribut. Cohen versinkt in tiefen Depressionen. Er versucht, sie mit Medikamenten zu bekämpfen.

Das Songschreiben kostet Zeit und viel Kraft. 1984 hat er genügend Songs für eine neue LP zusammen. „Various Positions" soll sie heißen, „Verschiedene Positionen", mal wieder ein in viele Richtungen zu deutender Titel. Die Plattenfirma ist bereit, sie zu veröffentlichen – nicht aber in den USA: „Das ist keine Popmusik. Das ist ein Desaster!" In Europa ließen sich Cohens anspruchsvolle Songs vielleicht weiterhin verkaufen, die Käufer in Nordamerika aber wollten Leichtgängigigeres und Rockiges – meinen die Plattenbosse. Bruce Springsteen, Michael Jackson, Prince: Party ist angesagt. Obwohl Cohen nicht mehr gar so folkig und soft wie anfangs klingt – er spielt jetzt mit Band –: „Various Positions" werde sich nicht durchsetzen. Selten lagen Plattenbosse mit ihrer Prognose so daneben: Das Album steht wochenlang in den Charts! Und der Song „Hallelujah" wird einer der größten Hits der Popgeschichte und in einigen Ländern die Hitlisten anführen. Qualität und Tiefe schlagen Oberflächlichkeit.

Was für eine Lektion für alle kommerziellen Mainstream-Vertreter. Halleluja!

Worin das Geheimnis des Erfolgs liegt? Entstanden ist der Song „aus dem Wunsch, meinen Glauben zu bezeugen – und zwar mit Enthusiasmus und Gefühl", erklärt Cohen später. Das ist in „Hallelujah" zu spüren. Hier singt kein missionarischer Prediger, auch kein moralischer Besserwisser. Hier gewährt ein Mensch Einblick in seine Seele, der vieles erlebt und durchlitten hat. Einer, der die Verstrickung in Schuld und die Angewiesenheit auf Vergebung kennt. Und dem der Glaube an Gott zu wichtig ist, um ihn aus den wesentlichen Lebensbereichen auszuschließen. Leonard Cohen schreibt einen Psalm. Ein Gebet. Und er bedient sich dafür im Heiligen Buch, in der Tora. Die Schicksale zweier biblischer Männer rühren ihn seit seiner Kindheit. Aus der Tora kennt er sie. Aber auch aus der klassischen Kunst. Sie haben Maler wie Musiker aller Epochen zu bewegenden Werken inspiriert.

Der eine Mann heißt Simson (s. S. 55). Liebestrunken verrät der starke Krieger seiner Geliebten Delila das Geheimnis seiner Macht. Daraufhin lässt die durchtriebene Delila ihn selig in ihrem Schoß einschlafen – und schneidet dem Schlummernden sieben Locken seines Haares ab. Damit ist es aus mit seiner Unbesiegbarkeit. Gegen Geld liefert sie den schwachen Helden seinen Gegnern aus,

den Philistern. Die Liebe war Simson zum Verhängnis geworden. Nachzulesen ist die Geschichte im 16. Kapitel des Buches der Richter.
Der zweite Mann, für den Cohens Herz brennt: David, der berühmte König Israels. Die Bibel berichtet, dass er mit seinem Lautenspiel seinen Thronvorgänger Saul von „bösen Geistern" befreite – heute würde man sagen: von Depressionen. Auch für Cohen entfaltet David offensichtlich heilende Kräfte. Beide können sie brauchen. Auch, weil David – wie Cohen – oft von seinen Lüsten getrieben ist und als Frauenheld gilt.
Die biblische Geschichte geht so: Als David vom Dach seines Jerusalemer Palastes aus die schöne Batseba beim Baden sah, entflammte seine Lust. Er ließ sie zu sich bringen, die beiden schliefen miteinander. Mit absehbaren Folgen: Batseba wurde schwanger. David wollte sie ganz für sich haben. Also schickte er ihren Ehemann, den Soldaten Uria, in den Krieg, und zwar an vorderste Front. Uria wurde in einer Schlacht getötet – und David heiratete Batseba. Sie gebar das gemeinsame Kind. „Dem Herrn missfiel, was David getan hatte", berichtet die Bibel weiter. Eine tragische Strafe folgte: Das gemeinsame Baby starb. In den Wirren der Liebe hatte David, der verehrte Mann Gottes und Herrscher Israels, große Schuld auf sich geladen.
Die Schicksale von Simson und David verwebt Cohen mit seinen eigenen Sehnsüchten und Erfahrungen. Im „Book of Mercy" hatte er sich selbst bereits beschrieben als einen Mann, „der von Stadt zu Stadt zog", von einem Dach zum anderen, nur um eine Frau beim Baden zu ent-

decken. Dafür sei er bestraft worden; der kurze Text endet in der flehentlichen Bitte an Gott: „Lass die Dämonen nicht stärker als Deine Gnade werden!" Die Identifikation Cohens mit König David scheint trotz fast dreitausend Jahren Abstand perfekt gelungen.

Den Song „Hallelujah" lässt er mit einem fantasievollen Gedanken beginnen: Der Musiker König David habe mit einem geheimen Akkord Gott gnädig stimmen wollen. Der mache sich aber wohl gar nichts aus Musik, mutmaßt Cohen. Dann offenbart er die geheime aufsteigende Akkordfolge aus Dur- und Moll-Akkorden – die gleichzeitig im Song gespielt wird. Sie klingt so dramatisch schön, dass wohl David selbst beim Komponieren „baffled" – verblüfft – war und vielleicht deshalb zum Gotteslob ansetzte: „Hallelujah". Viermal singt er es im Refrain, das wirkt fast litaneiartig.

In der zweiten Strophe spricht Cohen eine Person an – wen, bleibt im Vagen. Ist es König David? Führt er Selbstgespräche? „Dein Glaube war stark, aber du brauchtest Beweise", heißt es, „du sahst sie baden auf dem Dach, ihre Schönheit und das Mondlicht haben dich überwältigt." Dann wechselt Cohen die Szene: Plötzlich bindet die Schöne den verliebten König am Küchenstuhl fest, zerbricht seinen Thron und schneidet seine Haare. Fast hämisch wirkt es, dass Batseba dem König in dieser

Situation noch ein „Hallelujah" aus dem Mund zieht. „Na, willst du jetzt, wo ich dich entmachtet habe, immer noch Gott loben? Wo ist denn dein Hallelujah?" Was für eine unerwartete, tragische Geschichte: Der gläubige König sucht Liebe und Lust, begibt sich in besessene Abhängigkeit, wird entmachtet – und soll dennoch – oder jetzt erst recht? – Gott loben!? Wofür denn bitteschön? Noch dazu, wo er sich selbst in diese offensichtlich hilflose und unmoralische Lage gebracht hat, sich auf eine erotische Affäre mit einer unbekannten verheirateten Frau eingelassen hat!
In der dritten Strophe erzählt Cohen offensichtlich von sich selbst. Er kenne das Zimmer, in dem sich das alles abspielt. Bisher habe er alleine gelebt. Nun wisse er, dass die Liebe kein „Siegesmarsch" ist, sondern „ein kaltes und gebrochenes Hallelujah". In einer anderen Strophe geht er noch weiter und stellt das „heilige" mit dem „gebrochenen" („broken") Hallelujah auf eine Stufe. Später kommentiert er diese Passage: Der Song zeige, dass es verschiedene Formen des Hallelujah gebe und dass „alle perfekten wie gebrochenen Hallelujahs dieselbe Wertigkeit" hätten.

In der folgenden Strophe treibt Cohen das Thema noch mehr auf die Spitze. „Denk dran, als ich mich in dir bewegte, da bewegte sich mit uns der Heilige Geist. Und jeder unserer Atemzüge war ein Hallelujah." Ja, so meint Cohen es wohl: Der Heilige Geist sei auch in der Lust gegenwärtig. Ins wonnevolle Stöhnen mische sich bei genauem Hinhören ein Hallelujah. Gott sei im sexuellen Akt gegenwärtig. Die irdische Lust und himmlische

Freuden schließen sich nicht aus. Im Gegenteil. Körperliche Vereinigung sei – oder besser: sollte es sein – auch eine spirituelle Angelegenheit.

Damit schockiert Cohen so manche Moralwächter seiner eigenen wie anderer Religionen. Gerade im Christentum haben Sex und Lust keine starke Lobby. Ein Lebensbereich, der Menschen im Innern bewegt und zur Glückseligkeit beitragen kann, wurde und wird weithin bestenfalls ignoriert, oft aber mit erhobenem moralischem Zeigefinger kommentiert und bewertet, wenn nicht gar für sündhaft erklärt. Die fleischliche Lust wurde zugunsten geistlicher Höhenflüge ins Reich des Dunklen verdrängt, das Schöne und Lustvolle über lange Zeit zur Sünde erklärt. Die Menschen wurden alleingelassen; die Lust sollte ihnen ausgetrieben werden.
Doch das gelang zu keiner Zeit. Im Gegenteil: Wird Lust unterdrückt und nicht als Gottes Schöpfung anerkannt, sucht sie sich andere Ventile. Besonders schlimm wird es, wenn auch noch Macht ins Spiel kommt, wie in den Fällen sexuellen Missbrauchs in den Kirchen. Unter dem Deckmantel göttlicher Autorität wird Sexualität da ein Ausdruck und Mittel von Unterdrückung und Selbsterhöhung. Sex hat dann nichts mehr mit Liebe zu tun. Statt zu himmlischen Freuden zu führen, wird er für die Opfer zur Hölle. Wird Lust unter dem Deckmantel einer

falsch verstandenen Reinheit in den Bereich des Schmutzigen abgedrängt, bahnt sie sich anders ihren Weg.

Dass die Lust in den Kirchen so ins Hintertreffen geriet, ist eigentlich erstaunlich. Denn die heiligen Bücher, die Tora, die Bibel, gehen ziemlich unbefangen mit Sexualität um. Unbefangen – nicht leichtfertig. Sexualität hat dort mit gegenseitigem Erkennen zu tun. Das macht schon die Schöpfungsgeschichte deutlich: „Adam erkannte seine Frau Eva", heißt es da – in der hebräischen Sprache ist das ein Synonym für den Geschlechtsakt. Die Formulierung zeigt auch: Sich einem anderen Menschen nackt und lustvoll zu nähern, ist viel mehr als ein körperliches Geschehen. Deshalb ist hier besondere Sensibilität erforderlich. Achtsamkeit und Respekt, an denen es immer wieder auch fehlt. In den biblischen Geschichten gibt es alles: liebevollen Sex und Gewalt, Vielehe und sexuelle Abhängigkeiten, Prostitution und romantische Begegnungen, Haremsgeschichten und Verführungen. Die Bibel schildert den Sex bemerkenswert realistisch und lebensnah. Wie ein Manifest der Lust wirkt etwa das biblische „Hohelied", das voller erotischer Bilder ist: „Er küsse mich mit dem Kusse seines Mundes; ja, deine Liebe ist köstlicher als Wein. Seine Linke liegt unter meinem Haupte, und seine Rechte herzt mich." Im Hohelied gibt sich das offensichtlich bis über beide Ohren verliebte Paar Salomo und Sulamith dem erotischen Liebesspiel hin. Sie verzeh-

ren sich geradezu vor Begierde und Lust: „Sein Haupt ist das feinste Gold. Seine Locken sind Rispen, schwarz wie ein Rabe. Sein Mund ist voll Süße und alles an ihm ist lieblich. Siehe, mein Freund, du bist schön und lieblich ... Von deinen Lippen, meine Braut, träufelt Honigseim. Deine beiden Brüste sind wie zwei Kitze, Zwillinge einer Gazelle, die unter den Lotosblüten weiden. Rund sind deine Schenkel wie zwei Spangen, die des Meisters Hand gemacht hat." In poetischen Bildern beschreiben die beiden ihre Körper: Vom „Myrrhenberge" ist die Rede und vom „Weihrauchhügel", vom „Lustgarten" und von „Knospen". Und vom „Schoß, der wie ein runder Becher" sei, dem es nie mehr an Getränk mangele.
Es fällt auf, dass Gott im ganzen Hohelied nicht vorkommt; das Hallelujah steht quasi zwischen den Zeilen. Deutlich wird: Die Lust, die die beiden sich gegenseitig bereiten, ist von Gott gewollt. Unerwähnt, scheint Gott so etwas wie der Schöpfer der Lust des Paares zu sein.
Cohen kennt diese Geschichten, viele noch aus seinen Gesprächen mit seinem Großvater.

Belesen wie er ist, kennt er wahrscheinlich auch die europäischen Dichter der Romantik – und findet bei ihnen Inspiration. Für sie waren Lust und Gott keine Gegensätze. „Immer wächst und blüht Verlangen / Am Geliebten festzuhangen / Ihn im Innern zu empfangen / Eins mit ihm zu sein. [...] Und in dieser Flut ergießen / Wir uns auf geheime Weise / In den Ozean des Lebens / Tief in Gott hinein." So dichtete sich Novalis (†1801) Gott und Erotik zusammen.

Ähnlich der jüdische Dichter Heinrich Heine († 1856). Auch er versuchte, sein Gottesbild mit der Erfahrung erotischer Liebe übereinzubringen. Dabei half ihm die seinerzeit aufkommende Ansicht, nach der Gott quasi als großer Weltgeist den Kosmos regiere. Heines Poem: „Der heil'ge Gott, der ist im Licht / Wie in den Finsternissen / Und Gott ist alles, was da ist: / Er ist in unsern Küssen." Was heißt: Gott ist immer, auch in den intimsten Momenten, bei uns. Also auch im Orgasmus, wie Leonard Cohen in „Hallelujah" bekundet.

Bei aller frommen Romantik hat Cohen auch die abgründige Seite der Sexualität nicht ausgelassen. Im Lied Hallelujah gehe es „nicht um Wein und Rosen und den mondbeschienenen Vorhang, der von einer leichten Brise bewegt wird", sagte er im Interview, „es ist viel rauer und gefährlicher als das, was wir normalerweise mit Romantik in Verbindung bringen". Wer heil durch diese Klippen der Begierde und Besessenheit schiffe, der stehe mit leeren Händen vor Gott und könne nur auf dessen Gnade hoffen.

Wie eine Lebensbeichte hört sich die letzte Strophe des Songs an: „Ich tat mein Bestes, viel war es nicht. Ich sagte die Wahrheit und wollte dich nicht zum Narren halten. Und obwohl alles falsch gelaufen ist, stehe ich nun vor Gott, dem ‚Lord of Song'." Damit greift er den Gedanken am Beginn des Songs auf und drückt nun seine Hoffnung aus, dass Gott sich sehr wohl etwas aus Musik macht. Reumütig steht Cohen vor dem „Gott der Lieder" und hofft auf Gnade. So wie einst König David.

Rund achtzig Strophen hat Cohen zu dem Lied gedichtet. Wer die Tiefe und die Verankerung im eigenen Leben und Glauben bedenkt, den wundert die Mühe nicht. Das Lied ist eine riesige Selbstoffenbarung. Es trifft ins Herz – weil es die Hörerinnen und Hörer mit ihrem Inneren, mit ihren religiösen und körperlichen Sehnsüchten konfrontiert. Zwischen den Zeilen bietet es die Sprache der biblischen, der jüdisch-christlichen Tradition als Trost oder als Methode an. Es kommt nicht moralisch daher, es bewertet nicht, es verleiht irdischen Gefühlen keine göttlichen Weihen, nein: Es beschreibt, in welchen Zuständen sich Menschen befinden können. Und es bietet unaufdringlich die biblische Sprache und das Gotteslob an, um das Leben zu verstehen und mit den eigenen Unzulänglichkeiten und selbstgeschaffenen Abhängigkeiten zu leben.

Nach dem Erscheinen des Albums „Various Positions" nehmen zunächst nicht viele Menschen besondere Notiz von dem Lied. Auch die Musikkollegen brauchen etwas Zeit, um den Zauber des „Hallelujah" zu entdecken. Bob Dylan ist der Erste, der es covert, 1988 bei einem Konzert in Cohens Heimatstadt Montreal. Das ist eine Auszeichnung sondergleichen für den Cohen-Song. Dylan interpretiert „Hallelujah“ in eigener Weise – mit Rockgitarren und schnoddriger Stimme, die dem Song die letzte Möglichkeit der Verkitschung nimmt.

Für Cohen selbst ist die Arbeit am Song noch nicht beendet. Cohen schreibt neue Verse, singt sie auch – zum großen Erstaunen des Publikums – live. John Cale, Kreativkopf der Band Velvet Underground, hört den Song live bei einem Auftritt in New York – und ist geflasht. Er bittet Cohen, ihm den Song zu schicken. Kurz darauf quillt ein überlanges Fax aus seinem Gerät, 15 Strophen. Dabei auch jene mit biblischen Bezügen, die Cohen schon rausgeschmissen hatte. John Cales Version wird 1991 auf dem Sampler „I'm Your Fan“ veröffentlicht, auf dem bekannte Musikerinnen und Musiker Cohen-Songs interpretieren.
Diese Version hört wiederum eine junge Frau aus New York und ist tief bewegt. Sie spielt den Song einem Freund vor: dem Musiker Jeff Buckley. Der junge Newcomer nimmt „Hallelujah“ in sein Bühnenrepertoire auf. Begleitet nur von seiner E-Gitarre, behält das Lied seinen Gebets-Charakter. Die manchmal schrille und unrein gespielte Gitarre macht das Hallelujah noch verzweifelter und eindringlicher, als es das in Cohens Songwriter-Version schon ist. Bei einem Auftritt in einer New Yorker Bar hört ein Plattenmanager den Song – und ermutigt Buckley, ihn zu veröffentlichen. 1994 erscheint das Album „Grace“. „Hallelujah“ wird zum Hit. Und langsam erinnern sich die

Musikliebhaber und Radiostationen daran, von wem es stammt: Leonard Cohen.

Über die Jahrzehnte wird „Hallelujah" zu einem der meistgecoverten Songs der Popgeschichte. Alexandra Burke, K. D. Lang, Annie Lennox, Sheryl Crow, Willie Nelson, Bon Jovi haben es gesungen – die Liste ließe sich seitenlang fortführen. In Deutschland hat Max Prosa mit großem Pathos eine deutsche Version präsentiert. Und im Internet sorgt eine sehr spezielle Version seit Jahren für Aufsehen: Der irische Priester Ray Kelly tauscht bei einer Trauung in seiner Kirche überraschenderweise die Predigt gegen „Hallelujah" aus – und verblüfft mit großer Stimme die Hochzeitsgäste. Auf diese Weise wurde der Geistliche auch zu einem YouTube-Star. 75 Millionen Menschen haben seine denkwürdige Version angesehen, das ist Rekord. Wermutstropfen: Kelly hat den Text auf das Brautpaar hin umgeschrieben. Dieser Versuchung ist Helene Fischer nicht erlegen: Bei ihrem Auftritt in der Wiener Hofburg sang sie den Originaltext und zollte damit Cohen Respekt.
Einen Tiefpunkt der Wirkungsgeschichte erlebte das Lied im August 2020. Im Wahlkampf ließ es sich Donald Trump von einem schmachtenden Tenorsänger vorsingen, vom Balkon des Weißen Hauses aus – entgegen dem ausdrücklichen Verbot seitens der Cohen-Nachlassverwalter.
„Hallelujah" sei „ein guter Song, aber jetzt sollten die Leute aufhören, ihn weiter zu singen!" Dieser Wunsch Cohens ist bedauerlicherweise nicht in Erfüllung gegangen.

Der Riss, durch den das Licht eintritt

Warum Cohen Mönch wurde

Im Juni 1969 steht Leonard Cohen am Grab des heiligen Franz von Assisi. Neben ihm: Dirigent und Komponist Leonard Bernstein und Franco Zeffirelli. Der Filmregisseur möchte einen Film über den italienischen Heiligen drehen, Cohen und Bernstein könnten den Soundtrack dazu schreiben. Was mag Cohen am Grab und in der Kirche gedacht und gebetet haben? Persönlich steckt er in einer Krise. Alkohol und Drogen nagen an ihm. Die Beziehung zu Marianne wird immer komplizierter. Er ist berühmt und begehrt, hat Drogen-, Sex- und Ego-Trips erlebt und fällt immer tiefer in Depressionen. Wo gibt es Hilfe?

Gebet und Religion seien für ihn „eine Methode zur inneren Stärkung", sagt er in einem Interview im selben Jahr. Er glaube, „es gibt wirklich eine Kraft, der wir uns öffnen können", und habe keine Probleme damit, „diese Kraft ‚Gott' zu nennen". Für ihn sei es „einfacher, ‚Gott' zu sagen als ‚eine unbenennbare mysteriöse Kraft, die alles Lebendige beseelt'". Und dann fügt er einen Satz an, der tief in seine ganz persönliche Gotteserfahrung blicken lässt: „Ihm näher zu kommen heißt, Gnade zu fühlen." Das habe er „selbst erlebt". Mag sein, dass er diese Gnadenerfahrung dort in der Basilika San Francesco gemacht hat, am Grab jenes mittelalterlichen Mannes, der so einfach wie Jesus lebte: ohne Besitz und im ständigen Gebet. Seine spirituelle Neugier ist in diesem Jahr besonders stark. Im Frühjahr hatte sie ihn zu Scientology geführt, in jene kommerzielle Pseudo-Religion, die auf kruden Fantasy-Ideen basiert. Zu deren Methode gehört es, Menschen mit Hilfe einer Art Lügendetektor zu traumatischen Ereignissen ihres Lebens zu führen, von denen sie befreit – „clear" – werden könnten. Diese sehr rationale Herangehensweise fasziniert Cohen. „Im Gegensatz zur herrschenden Meinung hielt ich Scientology für ein sehr interessantes Phänomen, das einiges für sich hatte", sagt er später. Nach einigen Besuchen wird ihm die Banalität des Systems klar und es verliert jede Faszination. Hartnäckig hält sich die Vorstellung, er sei Scientologe gewesen. Cohen reagiert stets besonnen auf diese Vorhaltung. Denn mit vielen ähnlichen wird er konfrontiert, wird der zu großen Nähe zur „Kommunistischen Partei, mit wiedergeborenen Christen, Jesus-Freaks und anderen Heilsverkündern" bezichtigt. Er beteuert: „Ich habe diese Modelle studiert, weil ich verwirrt war, weil ich nach etwas suchte, das eine Bedeutung hat."

Im selben Jahr, 1969, hat er eine spirituelle Begegnung, die ihn wirklich tief berührt und ihn für Jahrzehnte prägen wird. Bei der Hochzeit eines Freundes lernt er einen buddhistischen Zen-Meister kennen. Der angesehene japanische Lehrer („Roshi“) Kyozan Joshu Sasaki lebt seit sieben Jahren in Los Angeles. Dort sind viele Menschen am Buddhismus interessiert und lernen bei ihm Rinzai, eine besonders strenge Variante der Zen-Meditation. Cohen ist fasziniert von der buddhistischen Trauzeremonie und von dem kleinen charismatischen 62-jährigen Roshi, der nicht nur spirituelle Weisheiten verkündet, sondern auch sehr viel Alkohol verträgt. Einige Jahre vergehen. Dann bittet Cohen seinen Freund um ein Treffen mit dem Roshi. Die beiden verstehen sich. So gut, dass Cohen ein paar Tage im Zen-Zentrum auf dem Mount Baldy verbringt, einem buddhistischen Kloster auf einem Berg in der Nähe von Los Angeles. Cohen akzeptiert den Roshi als Lehrer; fast scheint es, als hätte er in ihm eine geistliche Vaterfigur gefunden. Cohen begleitet ihn auf seinen Fahrten zu Trappistenklöstern; der meditative katholische Orden ist offen für einen spirituellen Dialog mit dem Buddhismus. Andersherum begleitet der Roshi Cohen zu Konzerten und ins Tonstudio. Während Cohen und die Musiker Songs einspielen, sitzt der Zen-Mönch freundlich schweigend dabei und verbreitet eine Stimmung, die Cohen inspiriert und beruhigt. 1979 begleitet er Cohen sogar auf einer Tournee durch Europa. In der Mönchskutte steigt er mit in den Tour-Bus, ist stets dabei. Offensichtlich tut er Cohen gut.

Wieder zurück, verbringt Cohen mehrfach Zeiten auf dem Mount Baldy. In dem kargen Kloster mit seinen strengen Regeln findet seine Seele Ruhe. Die Beziehung zu Suzanne ist inzwischen gescheitert. Erneut holen ihn Depressionen ein. Mit seinen Kindern hält er Kontakt, begeht mit ihnen die jüdischen Festtage.
Denn der jüdische Glaube bleibt für ihn trotz aller religiösen Suchbewegungen weiterhin die Wurzel. Die jüdischen Liturgien sind für ihn unaufhörlich sprudelnde Quelle der Inspiration für eigene Songs. „If It Be Your Will" wird bei Konzerten zum intensiven Höhepunkt. Im Lied bekennt Cohen, dass es einen höheren Willen gibt, dem er sich jederzeit ergeben würde. „Wenn es Dein Wille ist, dass ich nicht mehr spreche – dann werde ich verstummen." Wie eine Auslegung zur Vaterunser-Bitte „Dein Wille geschehe" wirkt das ruhige Lied, das zum Gebet wird, in dem er Gott bittet, seine Barmherzigkeit „über alle brennenden Herzen in der Hölle" zu gießen. „Wenn es Dein Wille ist, dann beende diese Nacht!"

Der Einfluss des Roshi kann Cohens Liebe zur jüdischen Tradition nicht zerstören: „Ich würde mich nie als etwas anderes denn als Juden bezeichnen." Er habe eine traditionell jüdische Erziehung genossen, und es sei „keine schlechte" gewesen. „Mit anderen Worten: Sie hat mich ziemlich in Beschlag genommen, war aber frei von Fanatismus. Sie hat die Grundlagen dafür geschaffen, dass ich mich voller Verständnis auch mit anderen Religionen auseinandersetzen konnte." So praktiziert er weiter, was er von seinen Eltern und Großeltern gelernt hat. Er zündet

Kerzen an, befolgt die wichtigen Gebote – und ist selbstkritisch genug, um sich nicht als „guten" Juden zu bezeichnen. Seine Neugier und unzählige Gespräche haben ihn zur Einsicht gebracht: Auch im Judentum gibt es viele Nichtgläubige, sogar „Atheisten und Agnostiker". Sein Glaube habe ihn gefestigt, aber „nicht davon abgehalten, falschen Göttern hinterherzurennen – und es ist gut möglich, dass ich immer noch mit einem von ihnen herumhure –, aber es war definitiv etwas dran an dem, was ich da gesehen habe".

Misstrauisch allerdings ist er gegenüber „Menschen mit starren Standpunkten". Sie gehen, so vermutet er, nicht ehrlich mit dem Glauben um. „Jeder, der sich selbst einmal einer gründlichen Prüfung unterzogen hat, weiß, dass er manchmal an Gott glaubt und manchmal nicht."

Cohen ist ein Freigeist. Institutionalisierten Formen der Religion gegenüber bleibt er vorsichtig. Tritt Religion als geschlossenes System auf, hält er das für anmaßend. Zwar weiß er, dass „für Millionen und Abermillionen Menschen die Kirche, die Moschee und die Synagoge Hilfe und Trost" bedeuten. Doch nach außen leben die Religionen oft feindselig. Im Lied „The Faith" („Der Glaube") bringt er es poetisch auf den Punkt: „Ein Kreuz auf jedem Hügel, ein Stern, ein Minarett. / Und doch so viele Gräber. / O Liebe, wirst du nicht müde?" Religionen seien „im Umgang miteinander immer sehr aggressiv", meint er. Gott sei Dank ist es nicht immer so, aber allzu oft. Cohen hält ein solches Verhalten „für zutiefst sündhaft".

„Sünde"? Cohen scheut sich nicht, diesen biblischen Begriff auch auf sein eigenes Leben zu beziehen. Mit Sünde meint er „Trennung, Entfremdung vom Leben um dich herum. Du fällst in eine Trance des Alleinseins. Die Vorstellung, dass du von allem getrennt bist, hat dich in ihren Bann gezogen. Das eben ist die Sünde, und du wirst auf der Stelle dafür bestraft – mit Schmerz, mit psychischem Schmerz, mit höchster Seelennot". Cohen beschreibt seine Depressionen in geistlichen Kategorien.

Trost schöpft er aus einer weiteren geistlichen Erkenntnis: dass etwas erst zerbrochen sein muss, bevor das Licht sich einen Weg bahnen kann. Dieser Gedanke ist in der jüdischen Mystik, der Kabbala, zu finden. Das Licht Gottes, so die Vorstellung, werde in Gefäßen aufbewahrt; mit deren Zerbrechen entstehe die Welt und kämen die göttlichen Lichtfunken in die Schöpfung. Etwas muss zerbrechen, „bevor wir etwas lernen können", meint Cohen, „das ist zumindest meine Erfahrung. Vielleicht kann man drumherum kommen, aber ich bezweifle das. Erst wenn das Herz bricht, wissen wir etwas über die Liebe".

Im Lied „Anthem" fasst Cohen diese Erkenntnis zusammen. Zehn Jahre lang arbeitet er am Text, dann entspricht er endlich seinen eigenen Vorstellungen. In den Strophen zählt er auf, was eigentlich verzweifeln lässt: Kriege werden weiterhin geführt; die „Heilige Taube" ist gefangen. Ehen zerbrechen. Gesetzlose und Mörder sitzen an verantwortlichen Positionen. Doch es gibt einen Hoffnungsschimmer. Denn in allem, was trostlos und finster erscheint, ist ein Riss, durch den das Licht eintritt: „There is a crack in everything. That's how the light gets in."

Um dieses Licht zu entdecken, sind Offenheit und Neugier unerlässlich, obwohl sie auch in Sackgassen führen können. Es könne immer passieren, „dass man von Leuten irregeleitet oder manipuliert wird, die behaupten, ‚es‘ gesehen zu haben, darüber zu verfügen, zu wissen, was man damit macht“. Gewiss, es gebe „viele Kräfte, die nur allzu bereit sind, die Religion für ihre eigenen Zwecke auszunutzen“. Doch er selbst sei „zuversichtlich, dass die Mächte des Guten stärker sein werden“.
Sein Kennenlernen des Zen ist für ihn keine Sackgasse. Eher eine Mischung aus praktischer Lebenshilfe, Trost und spiritueller Erkenntnis. „Das Zen-Studium und der jüdische Glaube sind wie ein Ozean, in dem man schwimmt“, beschreibt er es, „man saugt vieles aus diesen großen Traditionen in sich auf“. Der Roshi habe nie versucht, ihn zu bekehren. Buddhist zu werden sei auch das Letzte, was er sich vorstellen könne, denn „Buddhisten tragen gelbe Kleider und rasieren sich die Schädel“. Seine Nähe zum Zen habe nichts mit der Suche nach einer neuen Religion zu tun. Im Gegenteil, der Aufenthalt im Kloster führe ihn wieder näher an den jüdischen Glauben heran. Zen sei keine Konkurrenz zu Religionen. Denn im Zen gehe es nicht um fromme Anbetung oder um Gott. Der Roshi „hat mir einfach die Möglichkeit gegeben, jenen Tanz mit dem Herrn zu tanzen, den ich anderswo nicht tanzen konnte“, erklärt Cohen.

1994 werden seine Depressionen stärker. Nach einer Tournee fühlt er sich entwurzelt und sehnt sich „nach irgendeiner Art von Struktur". Die gibt es, das weiß er, auf dem Mount Baldy. Im Zen-Center beginnt der Tag um drei Uhr in der Nacht, es folgen stundenlange Sitzmeditationen und Arbeiten im Wald oder für die Klostergemeinschaft. Gesprochen wird wenig. Es ist eine Schule der Demut und Selbstentäußerung. Wer Rinzai-Zen praktiziere, gehöre zu den „Marines der spirituellen Welt. Man wird hart rangenommen". Cohen macht die Erfahrung: „Es tut gut, im Höllenfeuer seiner eigenen Qualen zu schmoren. Eine ganze Menge von all der Scheiße scheint wirklich wegzubrennen." Die drastische Formulierung ist ein Hinweis darauf, wie schwer belastet Cohen ins Kloster geht. Trotz aller Anstrengung genießt er es, nicht mehr über sich selbst nachzudenken: „Nach einiger Zeit denkst du nur noch an Essen, Arbeit und Schlaf." Für ihn ist es „eine Erleichterung", nicht mehr über Dinge nachgrübeln zu müssen, „die in der Tat ziemlich unwichtig sind und die dir nur Angst und Kopfzerbrechen bereiten". Hinzu kommt: Cohen ist hier zwar allein in seiner Zelle; aber er kommt mit vielen unterschiedlichen Menschen zusammen, denen die Fragen nach dem Sinn des Seins das Leben schwermachen. „Das ist ihr großes Problem. Und ich glaube, es kommt eben mehr darauf an, die Fragen zum Verschwinden zu bringen, als Antworten zu finden. Man will einen Geisteszustand erreichen, der sich von all den Fragen befreit hat." Cohens Erkenntnis: „Du stellst keine blöden Fragen, weil dir klar ist, dass es die Patentlösungen, die man dir vorgaukelt, nicht gibt."

Außerdem: Hier lebt der Roshi, sein Lehrer, den er liebevoll „Rabbi“ nennt. Seine „Güte, Wärme und Freundschaft“ sind ihm wichtig. Also macht Cohen einen bewussten Schnitt. Er zieht ins Kloster. Ganz. Sein neues Haus: eine kleine hölzerne Hütte. Sein neuer Job: Er ist Chauffeur und Koch für den Roshi. Wenn er ein Physikprofessor in Heidelberg gewesen wäre, so Cohen, hätte er Deutsch gelernt und Physik studiert. Nun aber „war er zufällig Zen-Mönch. Um an seiner Welt teilzuhaben, musste ich meinen Kopf rasieren und eine Kutte tragen. Das habe ich gerne getan, denn mir war von Anfang an klar, dass er sehr viel mehr wusste als ich. Deshalb wollte ich Zeit mit ihm verbringen“.
Wahrscheinlich hätte Zen alleine ihn nicht zu so einer rigiden Lebensänderung gebracht. Die Persönlichkeit des Roshis ist ausschlaggebend. Er liebe den Roshi, erklärt Cohen. Und „wenn man mit jemandem zusammen ist, den man liebt, kann man sich in seinem Tun völlig frei fühlen. In seiner Gegenwart bin ich also frei, und weil ich mich frei fühle, kann ich mich selbst kennenlernen“.
Seine Fans, Kollegen und Plattenfirmen sind überrascht. Sie ahnen: Für längere Zeit müssen sie auf neue Songs und Texte verzichten. Cohen ist abgetaucht. Er lässt sich sogar zum Mönch ordinieren. Der Roshi verleiht ihm den Namen „Jikan“, „Stille“.

Fünf Jahre lang lebt Cohen im Kloster. Dann attackieren ihn Depressionen erneut. Im Kloster hatte er Schriften des indischen Mystikers Ramesh S. Balsekar gelesen. Die Lehren des hinduistischen Lehrers imponieren ihm. Sein Weg ist nicht die Strenge, sondern das Erklären. Cohen brennt darauf, Balsekar kennenzulernen. Kurzerhand erbittet Cohen vom Roshi Befreiung vom Klosterleben. Roshi ist weise genug, um sie ihm zu erteilen. Cohen fliegt nach Mumbai, besucht täglich Veranstaltungen mit seinem neuen Lehrer. Als er nach einigen Monaten zurückkehrt, bemerken Freunde eine Veränderung: Cohen wirkt irgendwie gelöster. Er besucht den Roshi. Dann reist er nach Hydra, in seinem dortigen Haus schreibt er, ordnet Notizen und Texte. Er fliegt erneut nach Mumbai. Er merkt: Die Anspannung, unter der er leidet, fällt ab. „Ich sagte mir selbst: So muss es sein, wenn man bei halbwegs guter geistiger Gesundheit ist. Man steht morgens auf und denkt nicht als Erstes: ‚O Gott, schon wieder ein Tag, wie soll ich den nur überstehen? Was soll ich nur machen? Gibt es vielleicht ein Medikament? Oder eine Frau? Oder eine Religion? Irgendetwas, das mir aus dieser Situation heraushilft?'" Als er zurückkommt, fühlt er sich geheilt. Ihn erfüllt „ein Gefühl tiefer Dankbarkeit, wofür oder wem gegenüber, das weiß ich nicht". Er erlebt etwas, was ihm in den Jahrzehnten zuvor nicht vergönnt war: tiefen Seelenfrieden.

Der ist auch in seiner Stimme zu hören. Sie ist noch tiefer geworden, klingt nun wirklich entspannt. In der wenigen Freizeit im Zen-Kloster hatte er an Songs gearbeitet. Zusammen mit seiner Background-Sängerin Sharon Robinson bereitet er sie auf. Sie richtet ihm ein Studio in der Garage seines Wohnhauses ein. Cohen behält den strengen Tagesablauf bei. Morgens um vier beginnt er schon zu singen. „Ten New Songs" nennt er das Album; auf dem Cover ist er mit Robinson, die ihm zur Freundin geworden ist, abgebildet. Die Songs spiegeln allesamt Cohens Erfahrungen und Erkenntnisse der letzten Jahre. „Ich lebte mein Leben in Babylon, an den dunklen Flüssen", heißt es im Lied „By the Rivers Dark". Wieder nimmt Cohen eine biblische Geschichte, um seinen eigenen Zustand zu beschreiben: Im sechsten Jahrhundert vor Christus war ein Großteil der Juden aus Jerusalem nach Babylon deportiert worden, die Bibel berichtet davon. „Ich habe mein heiliges Lied vergessen und hatte keine Kraft", singt Cohen. In „The Land of Plenty" zeigt er Zuversicht: Er hebe seine Stimme und bete, dass „die Lichter im Land der Fülle eines Tages die Wahrheit erhellen". Seine Stimme erhebe er auch „für Christus, der nicht auferstanden ist aus den Höhlen unserer Herzen", singt Cohen in diesem Lied. Jesus lässt ihn nicht los.

Nacht für Nacht am Tisch mit Jesus

Wie Cohen Jesus suchte – und worüber er mit ihm sprach

„Ich liebe Jesus. Das habe ich schon immer getan, sogar schon als Kind." 1997 legte Cohen dieses verblüffende Bekenntnis ab. Er sprach mit einem Reporter über seine Kindheit im kanadischen Montreal – und fügte hinzu: „Allerdings behielt ich das für mich." Er wäre nicht im jüdischen Unterricht aufgestanden und hätte das hinausposaunt.

Sein katholisches Kindermädchen hatte ihm schon früh Jesus-Geschichten erzählt. Im Lied „Suzanne" hatte er ihm ein erstes Song-Denkmal gesetzt. Eingewoben in eine Liebesgeschichte zu einer Frau namens Suzanne, beschreibt Cohen Jesus als Seemann, der einsam in einem Holzturm sitzt. Sichtbar ist er nur für Ertrinkende – sie sollen selbst zu Seeleuten wie er werden. Meint Cohen damit, dass die Ertrinkenden auch über Wasser gehen sollen? Jesus selbst aber war „gebrochen", textet Cohen weiter, „lange bevor der Himmel geöffnet war. Verlassen, fast menschlich, versank er wie ein Stein". Jesus ist ganz Mensch: Er kann nicht mehr auf dem Wasser gehen, sondern sinkt. Dann spricht Cohen seine Hörerinnen und Hörer direkt an: „Du möchtest mit ihm reisen", ihm blind vertrauen – und du hoffst, dass du ihm vertrauen kannst, „weil er deinen Körper mit seinem Geist berührt".

Warum singt Cohen in einem mystischen Liebeslied über Jesus? Es gibt zwei Antworten auf diese Frage. Die erste: Mit Suzanne sitzt er am St. Lorenz-Strom in Montreal. Er blickt auf den Hafen, aus dem der Turm der Seemannskirche hervorragt. Auf der Kirche ist eine Madonnenfigur, „Unsere Liebe Frau vom Hafen"; sie streckt ihre offenen Arme den Seeleuten entgegen. Die zweite Antwort: Die offensichtlich große Seelennähe, die Cohen zu Suzanne spürt, setzt in ihm auch religiöse Fantasie in Gang.

Offensichtlich ist Jesus ein großes Thema für ihn. Als Song-Kollege und Freund Bob Dylan 1979 öffentlich bekannte, zum Christentum konvertieren zu wollen, „brachte das Leonards Welt wirklich ins Wanken", erzählt die Sängerin Jennifer Warnes. Er „tigerte durch die Räume, rang die Hände und sagte immer wieder: ‚Ich verstehe das nicht. Ich verstehe es einfach nicht. Wieso entscheidet er sich zu einem so späten Zeitpunkt für Jesus? Die ganze Jesus-Sache verstehe ich nicht'". In der Tat: Bob Dylans überschwängliche (und, wie sich später zeigt, zeitlich begrenzte) Hinwendung zum Christentum verstand niemand so recht. Im Stil bekehrter Sünder sang er: „Ich war blind durch den Teufel", doch Gottes Gnade habe ihn ihn berührt und geheilt; „durch das Blut des Lammes" sei er gerettet worden. War das eine wirkliche Selbstbeschreibung – oder nur eine Persiflage? Und wenn er singt: „... durch sein Wort bin ich geheilt. Ja, ich bin so froh, froh, froh, ich will dir danken, Herr", zitiert Dylan da Gläubige oder betet er selbst?

Wie auch immer: Eine Konversion ist für Cohen nicht denkbar. Warum sollte er seine geistlichen Wurzeln verlassen, mit denen er groß geworden ist und die ihm eine feste und verlässliche spirituelle Heimat geben? Der jüdische Glaube ermöglicht es ihm ja sogar, in großer Freiheit und ohne Vorbehalte andere Religionen anzuschauen und ihre Art, mit Gott zu kommunizieren und dem Sinn des Lebens nahezukommen, auszuprobieren. Natürlich verbietet es ihm sein jüdischer Glaube auch nicht, sich intensiv mit Jesus zu beschäftigen. Leonard Cohen ist Jude. Jesus von Nazareth war ebenfalls Jude. Jesu Botschaft setzt sich nicht grundsätzlich vom Judentum ab, im Gegenteil: Sie wurzelt fest darin. Vieles, was gemeinhin als typisch christlich gilt, findet sich in dem von Christen missverständlich „Altes Testament" genannten Teil der Bibel, der in weiten Teilen mit den heiligen Schriften des Judentums übereinstimmt. Schon da wird Gott „unser Vater" genannt. Schon da gibt es die Weisung, auch den Feinden zu helfen und die Fremden zu lieben. Schon da gibt es die Verheißung eines Lebens nach dem Tod. „Bruder Jesus" nannte der jüdische Religionsphilosoph Schalom Ben-Chorin († 1999) sein Jesusbuch – eine würdige und wertschätzende Bezeichnung.

Leonard Cohen befindet sich also weiter auf jüdischem Boden – auch mit seiner Liebe zu Jesus, dem wundertätigen und friedliebenden Mann aus Nazareth. „Er ist vielleicht der prächtigste Kerl, der je auf Erden herumgelaufen ist“, sagt er einmal. Wer die Armen und die Sanftmütigen selig nenne, müsse „eine Persönlichkeit von einzigartiger Güte, Einsicht und Verrücktheit“ sein. Mit dem Verstand sei es auch nicht zu fassen, dass jemand erklärt, seinen Platz bei den Dieben, den Prostituierten, den Heimatlosen zu haben. Das sei „eine nicht menschliche Großmut ..., die die Weltordnung über den Haufen werfen würde, wenn sie Schule machen würde, denn nichts könnte diesem Mitgefühl standhalten“. Von Jesu Persönlichkeit fühlt sich Cohen tief berührt. Deshalb bleibt er am Thema Jesus dran, befasst sich mit dessen Wirken und Worten, hinterfragt, ob Jesus wirklich der erwartete Messias ist. Je älter Cohen wird, desto neugieriger nähert er sich Jesus. Mit Fantasie und Ehrfurcht sucht er die Spuren des Nazareners.

Schon in seinem ersten Gedichtband „Let Us Compare Mythologies“ veröffentlicht er eine poetische Hommage an Jesus. Die Szene spielt auf Golgatha, der Hinrichtungsstätte Jesu. Ein Mann pflückt eine Blume, geht an den Soldaten vorbei zum Gekreuzigten und taucht sie in dessen Wunde. „Der hängende Mann“ – so nennt Cohen Jesus hier – „zitterte bei diesem sanften Stoß und riss sein

Fleisch auf." Dann schildert Cohen die Todesfantasien Jesu am Kreuz: An „einsame Inseln im Meer" habe er gedacht, „an Flutwellen, die über das Land springen, über die Kreuze, diese Hügel und diesen Mann", „an Städte und Weizenfelder" – doch er konnte nicht sprechen.

Die Kreuzigung gibt Cohen Anlass zu vielen Gedanken und Texten. Die christliche Theologie hat das Kreuzesgeschehen mit mehreren Deutungsmöglichkeiten verknüpft. Zum Beispiel heißt es, Jesus sei für die Sünden der Menschen gestorben. Oder Gott habe seinen einzigen Sohn geopfert, um die Welt mit sich zu versöhnen. In jüdischer Sicht ist Jesus weder der Messias noch der Sohn Gottes. Das ist er auch für Cohen nicht. Zumal viele Fragen offenbleiben: Wenn Jesus tatsächlich der lang erwartete und von den Heiligen Schriften vorhergesagte Messias war, der Erlöser der Welt: Warum ist die Welt immer noch nicht vom Leid befreit? Ist die Antwort der neutestamentlichen Schriften wirklich befriedigend? Da heißt es zum Beispiel, dass Jesus am Ende aller Zeiten aus den Wolken wiederkomme und dann aber wirklich eine kosmische Friedenszeit anbrechen werde, in der kein Leid und kein Geschrei mehr sei und keine Tränen mehr fließen. Denkt man diese Vision zu Ende, liegen der jüdische und der christliche Glaube in einem wesentlichen Punkt gar nicht so weit auseinander: Die Gläubigen beider Religionen könnten einträchtig auf das Erscheinen des Messias warten. Auch wenn die einen glauben, dass er schon einmal auf der Erde war, und die anderen nicht. Dass Jesus der Sohn Gottes war oder auferstanden ist –

solche dogmatischen Festschreibungen kann Cohen nicht nachvollziehen. Formale Glaubensbekenntnisse sind ihm zuwider. Spricht oder schreibt Cohen über Jesus, dann sucht er die Tiefe seiner Botschaft zu ergründen. Auch die Bedeutung der Kreuzigung. Sie müsse „wieder als universelles Symbol verstanden werden", nicht bloß als sadistisches oder masochistisches „Experiment". Sie *müsse* wiederentdeckt werden, „denn das ist der Ort, wo sich die Menschheit befindet: am Kreuz". Verständlicherweise klagt er über „junge Christen", die von der Kreuzigung so sprechen, „als wäre ein schöner Schmetterling für eine Ausstellung mit einer Nadel angepinnt worden". Für den Tiefdenker Cohen ein Gräuel. Ihm geht nicht aus dem Kopf, dass sich „im Zentrum unserer Kultur ... ein gekreuzigter Mann befindet, ein gequälter Mensch, der an einem hölzernen Kreuz hängt; im Zentrum unserer spirituellen Erkundungen steht ein Bild der Gewalt".

In einem späten Poem bittet Cohen Jesus, ihm den Ort zu zeigen, „an dem das Wort zum Mann wurde": der Überlieferung nach in Bethlehem. Auch möchte Cohen von Jesus den Ort gezeigt bekommen, „an dem das Leid begann": vermutlich den Ölberg, wo Judas seinen Meister den Soldaten mit einem Kuss verriet. Und den Ort des Grabes: „Hilf mir den Stein wegrollen", allein könne er „dies Ding nicht bewegen". Leonard Cohen begibt sich auf die Suche nach dem Geheimnis der Auferstehung. Wie so viele Christen interessiert auch ihn, ob das Grab leer ist. Bei näherem Hinhören wirkt die Szene seltsam verdreht. Ein Hinweis auf die Auferstehung ist ja, dass die Frauen am Ostermorgen das Grab offen fanden, der schwere Stein war zur Seite gerollt. Das Grab war leer – und der auferstandene Jesus hatte sich den Frauen gezeigt. Cohen dreht die Reihenfolge um: Er bittet Jesus, mit ihm zusammen den Stein vom Grab zu wälzen. Soll das ein mysteriöser Hinweis sein: Jesus lag nie im Grab?

Bei all seinen Überlegungen und Gedanken weiß Cohen: Er ist Poet und Visionär. Auch beim Thema Glaube lässt er mehr sein Herz sprechen als seinen Verstand. Er nimmt sich die Freiheit des Dichters heraus und will sich gar nicht mit den Schriftgelehrten messen. Theologie sei für ihn „immer mehr so etwas wie ein vergnüglicher Gedankenkitzel gewesen. Theologie oder religiöse Spekulation stehen zur wirklichen Erfahrung im selben Verhältnis wie Pornografie und der Vollzug körperlicher Liebe. Es besteht eine gewisse Verbindung. Ich meine – sie kann einen richtig antörnen".

Im Lied „Come Healing" sinniert Cohen weiter über die Kreuzigung Jesu. Es hört sich wie ein flehentliches Gebet zu Jesus an, wenn er formuliert: „Sammle das Zerbrochene und bring mir deine Last, auch die Splitter, die du in dir trägst, und das Kreuz, das du gelassen hast." Dann bittet Cohen um Heilung für den Körper und Heilung für den Geist – wobei offen bleibt, ob er seine eigene

Heilung oder die Heilung Jesu meint. In wunderschöne Worte kleidet Cohen seine Gebetsbitten, singt von der „Einsamkeit der Sehnsucht, in der die Liebe beschränkt wurde", von den „Toren der Barmherzigkeit", von der „ungeteilten Liebe", die vom Staub befreit werden möge. Die Himmel sollen wanken und die Erde soll verkünden: „Heilung den Altären, Heilung dem Namen" Gottes. „Lass die Himmel die Büßergesänge vernehmen", bittet er am Ende. Welcher populäre Musiker betet so inbrünstig zu Gott wie Cohen, wer bekennt sich so leidenschaftlich zu Jesus?

Auch das Lied „Amen" ist eine Art Gebet. Wieder nimmt er die biblische Symbolik des leidenden Messias auf: „Erzähl's mir noch mal, wenn der Schmutz des Schlachters vom Blut des Lammes gereinigt wurde." Das „Lamm"? Cohen verwendet eine Metapher aus dem letzten Buch der Bibel, der Apokalypse. In teils wunderschönen, teils verstörenden mystischen Bildern stellt sich der Seher Johannes das Ende der Welt vor; Jesus bezeichnet er als Lamm Gottes. Dabei schwingt auch der biblische Opfercharakter des Lammes mit. Er findet sich unter anderem im Buch des Propheten Jesaja, das Cohen einst mit seinem Großvater gelesen und besprochen hatte. Da geht es um einen unschuldig leidenden „Gottesknecht", der stumm wie „ein Lamm ... zur Schlachtbank geführt" wird. Der Gedanke des schuldlosen Opfertieres wiederum findet sich in dem Lied „Donna Donna" wieder. 1940 geschrieben, thematisiert es das grausame Schicksal der Juden in der Nazizeit. Folksängerin Joan Baez machte es

1960 weltbekannt. Cohen nimmt diesen Bezug auf, wenn er im Lied „Amen" davon spricht, dass die Kultur „das Auge des (Konzentrations-)Lagers passieren" muss. Und Cohen endet mit der Bitte: „Sag mir, dass du mich dann liebst! Amen!"

Die Kreuzigung ist mehr als eine historische Gegebenheit. Cohen entdeckt sie mitten im Leben, mitten in jenen Bereichen, in denen Menschen ihren Besessenheiten oder – fromm gesprochen – der Sünde anheimfallen. Zum Beispiel auf der Bugi Street, einer Straße in Singapur, einst berühmt und berüchtigt wie die Hamburger Reeperbahn: eine wilde Mischung aus Souvenirshops, Rotlichtbars, Plattenläden, Prostitution, Kneipen und Touristenläden. Eine Straße, auf der – wie auf so vielen anderen in den Metropolen der Welt – die Erfüllung grenzenloser Sehnsüchte versprochen wird, die sich im Nachhinein als Illusion entpuppt. „Boogie Street" wird die Straße von Touristen genannt. Diesen asiatischen Boulevard der *broken dreams* flicht Cohen in sein spirituelles Netz ein. Voll von den Erfahrungen im Zen-Kloster, sinniert er über diese Straße. Sein Lied lässt er mit einem bedeutungsschwangeren Hinweis auf die Krone Christi beginnen: „O crown of light, o darkened one". Die strahlende Krone des Gekreuzigten, die vom Kreuzesgeschehen verdunkelt ist. „You kissed my lips", bezeugt Cohen seine mystische Nähe zu Jesus und wendet sich dann dem Treiben auf der

„Boogie Street" zu. Aber wen meint Cohen, wenn er von der „großen Liebe" schwärmt, mit der er Freuden erlebte: eine Frau? Jesus? Ja, vielleicht ihn, denn Cohen bekennt, er habe sich „hingekniet, um deine Füße zu trocknen". So wie die Sünderin, die sich zu Jesu Füßen setzte und sie mit ihren Tränen benetzte – und dann trocknete (Lukas 7,38). Oder so wie Jesus, der am Vorabend seiner Hinrichtung seinen Jüngern die Füße wusch, ein Zeichen der Demut (Johannes 13,1-20); in diesem Fall würde Cohen sich in dem leidenden Jesus wiederfinden.

Dann folgt ein weiterer biblischer Bezug: vom „Blut und Fleisch", das „an die Tür geschrieben wurde", singt Cohen. Ein Hinweis auf den jüdischen Brauch, am Passahfest ein Lamm zu schlachten und mit dem Blut die Türrahmen zu bestreichen. Die ersten Christen deuteten Jesus als dieses Passahlamm, das geopfert wird. „Auch unser Passahlamm ist geopfert, es ist Jesus Christus", schrieb der Apostel Paulus und forderte die Christen auf, das Passahfest in „Lauterkeit und Wahrheit" statt „mit Unzucht, Bosheit und Schlechtigkeit" zu feiern (1. Korinther 5). Naheliegend die Deutung: Die „Boogie Street" ist bei Licht besehen ein Sündenpfuhl, dem die Erlösung gebracht werden müsste. Jesus ist am Kreuz dafür gestorben. Irgendwie schlüssig – aber als würde er davor zurückschrecken, solche Gedanken weiterzuführen, singt Cohen am Ende: „Niemand hat uns bis jetzt erzählt, warum es die Boogie Street eigentlich gibt."

Dabei kann Cohen das eigentlich ziemlich genau benennen: Für ihn sei ‚Boogie Street' „die Straße, wo wir arbeiten und begehren, das Alltagsleben, der Ort, wo wir die

meiste Zeit verbringen". Es gebe allerdings Momente, die Menschen aus der „Boogie Street" herausheben: „die Umarmung unserer Kinder oder der Kuss eines geliebten Menschen oder ganz besonders Momente der Ekstase, in denen das Ich sich regelrecht auflöst". Diese Momente sind selten – „im nächsten Moment finden wir uns schon wieder auf die Boogie Street zurückversetzt".
Die „Boogie Street" ist für Cohen eine Art Gegen-Sinnbild zum Paradies – das aber auch seine Macken habe, fügt er hinzu und erzählt mit Augenzwinkern, was ein „alter Lehrer" ihm gesagt habe: „Das Paradies ist ein guter Ort für einen kurzen Besuch, aber man kann dort nicht leben, denn es gibt keine Toiletten und keine Restaurants."

Das Leben und Sterben Jesu hat für Cohen nicht nur eine spirituelle Dimension. Was Jesus lehrte, gilt auch für die Politik. Die Lehren der Bergpredigt Jesu sind nicht nur für den Privatgebrauch gedacht. Sie können die Welt verändern. 1992 erträumt Cohen sich eine wirkliche Demokratie für die USA. Die Ära George Bush hatte viele demokratisch gesinnte Amerikaner aufgebracht. Cohen schreibt ein Lied, in dem er die Rückkehr der wahren, von korrupten Politikern und Generälen befreiten Demokratie für die USA herbeisehnt: „Democracy". Sie entstehe aus den Kriegen, „aus dem Feuer der Obdachlosen und aus der Asche der Homosexuellen". Die Demokratie speise sich auch aus der Quelle der Bergpredigt, singt Cohen.

Und bekennt gleichzeitig, dass er sich nicht anmaßt, sie ganz zu verstehen. Der Kampf für Demokratie hat für ihn auch eine spirituelle Dimension. Die Straße erkennt er als „heiligen Ort", an dem sich die Unzufriedenen treffen. Ihr „spiritueller Durst" werde gestillt. Es klingt, als habe Cohen hier eine Zusage Jesu im Kopf: „Kommt her zu mir, alle, die ihr mühselig und beladen seid; ich will euch erquicken" (Matthäus 11,28).

Auch ganz privat, im stillen Kämmerlein, begegnet Cohen Jesus. An einem einsamen Weihnachtstag schreibt er in sein Notizbuch: „Ich habe zu dem gebetet, um den es geht."
Was für eine Vorstellung: Der Jude Leonard Cohen, weltberühmt und verehrt, sitzt an Heiligabend allein zu Hause oder im Hotel. Hat keine Lust auf Freunde und hohles Gefeier. Und er betet zu Gott. Zu Jesus. Um den geht es ja.

Ein bewegendes Zwiegespräch mit Jesus findet sich im Lied „Treaty", „Abkommen": „Ich sah dich Wasser zu Wein verwandeln", beginnt Cohen in wütender Stimmung und müde, „jede Nacht sitz ich bei dir an deinem Tisch." Doch obwohl er es so sehr versuche, werde er „nicht high" von ihm. Das klingt, als würde Cohen bedauern, dass er nicht

Bei einem Konzert in Genf, 2008

vorbehaltlos an Jesus glauben kann. Also wünscht er sich wenigstens ein „Abkommen zwischen deiner Liebe und meiner“. Ein Gedicht aus derselben Zeit zeigt Cohen wiederum alleine an einem Tisch, sinnierend über das eigene Sterben und über Jesus. Als er Jesus zum ersten Mal reden gehört habe, schien es der „bessere Weg“ zu sein, sagt Cohen – „aber nun ist es viel zu spät, um die andere Wange auch hinzuhalten“. Er beschreibt Jesus: „Zuerst berührte er die Liebe, dann berührte er den Tod.“ Cohen beendet seine Gedanken: „Ich sollte besser schweigen und mich setzen. Sollte dieses Glas mit Blut anheben und versuchen, von Gnade zu sprechen.“ „Glas mit Blut“ – dieses einzige Mal in seinem Werk erwähnt Cohen das christliche Abendmahl, bei dem sich der Wein im Kelch unter den Worten des Priesters in das Blut Christi verwandelt. Diese geheimnisvolle Wandlung fügt sich gut ein in die mystische Glaubenssicht Cohens. Wieder beweist er die große Freiheit, die ihm sein jüdisches Fundament schenkt und die sich vor christlichen Ritualen nicht scheut.

Bis ans Ende seines Lebens wartet er auf den Messias: „Die Welt beginnt, dich zu erwarten. Mach den Namen neu und bring seinen Sänger in Stellung.“ Und wissend um die Fehlbarkeit jedes Menschen, auch die eigene, bittet er: „Lass mich nicht das Judaslamm sein, das dich ans Messer liefert.“

„Hineni – Hier bin ich, Herr!“

Am Ende: Trost bei Gott

Tel Aviv, 24. September 2009. Zu drei Zugaben hat Leonard Cohen sich hinreißen lassen. Am Ende singt er, wie oft am Ende seiner Konzerte, a cappella mit seiner Band „Whither Thou Goest“ – „Wohin du auch gehst, will auch ich gehen“, ein Zitat aus dem biblischen Buch Ruth. 50.000 Menschen im Stadion sind ergriffen. Dann wünscht er sich Frieden zwischen Israelis und Palästinensern und ein Ende der Kämpfe, denn: „Der wahre Sieg findet im Herzen statt.“ Und schließlich formt er seine Hände nach dem Brauch der jüdischen Liturgie und spricht den Segen, um den auch Aaron – der erste „Kohen“ der Bibel – bat: „Der Herr segne und behüte dich. Der Herr lasse sein Angesicht leuchten über dir und sei dir gnädig. Der Herr hebe sein Angesicht auf dich und gebe dir Frieden“ (4. Buch Mose 6,24-26). Dazu verbeugt sich Cohen in priesterlichem Gestus.

Cohen ist 75 Jahre alt. Das ist für ihn offensichtlich kein Grund, sich zur Ruhe zu setzen. Im Gegenteil: Er wirkt glücklich und mit sich selbst im Reinen. Seine Stimme ist noch tiefer und sonorer geworden. Seine Band breitet ihr eine Decke aus, auf der sie sich entfalten kann. Drei Backgroundsängerinnen kontrastieren sie mit ihren Stimmen.

Cohen, im Anzug und mit Fedora-Hut, spielt zu einigen Songs Gitarre. Bei anderen tanzt er bewegt über den Teppich, mit dem die Bühne ausgelegt ist. Manchmal geht er in die Knie und nimmt die Ovationen des Publikums in einer Pose der Demut entgegen. Niemand weiß, wie lange er noch auftreten kann. Niemand weiß, wann und wie sein Leben enden wird – „who by fire?“.

Die Tournee führt ihn bis 2013 über die ganze Erdkugel. Er spielt in den größten Hallen der Welt, auch auf Festivals. Dass er überhaupt ein so großes und kräftezehrendes Projekt angegangen ist, hatte einen unschönen Auslöser. Nach der Rückkehr aus dem Zen-Kloster musste sich Cohen mit der bitteren Tatsache auseinandersetzen, dass seine Vertraute und Managerin sein gesamtes Vermögen veruntreut hatte, mehrere Millionen Dollar. Cohen brauchte Geld. Unabhängig davon findet er aber auch große Freude und Erfüllung bei seinen Auftritten. Sein Leben hat sich geändert. Die Depressionen sind überstanden. Er nimmt keine Drogen mehr. Cohen ruht in sich und freut sich an seinen Liedern, auch an den Preisungen und Ehrungen, mit denen er überschüttet wird. Zudem singen Weltstars seine Songs, eine besondere Ehre. Beide Kinder sind erwachsen. Sohn Adam ist ebenfalls Musiker, veröffentlicht eigene CDs. Tochter Lorca begleitet ihn als Fotografin auf Tourneen.

Ein weiterer Grund für Cohens Zufriedenheit: Er muss sich nicht mehr in Frauengeschichten beweisen. „Frauen interessieren mich nur noch am Rande. Ich bin schon oft tief enttäuscht und aufs Gründlichste erniedrigt worden“, erklärt er. Er hat seine Lebensgefährtin gefunden. Anjani Thomas kennt er seit 1984, da sang die Musikerin aus Hawaii im Background-Chor zu „Hallelujah“. Nach der Rückkehr aus dem Kloster waren sie sich nähergekommen. Das Album „Dear Heather“, 2004 erschienen, ist ein kreatives Produkt ihrer musikalischen Zusammenarbeit wie ihrer seelischen Nähe. Nun sind sie ein Paar – wenngleich sie nicht zusammenwohnen. Das Wort Beziehung würde auch nicht passen, meint Cohen: „Meines Erachtens hat dieser Ausdruck einen bedrohlichen, geradezu sinistren Beigeschmack. Alle arbeiten an ihrer Beziehung, diskutieren ständig darüber, das kann sicherlich nur Kummer hervorrufen. Was wir beide haben, ist besser – es gibt kein Wort dafür.“

Cohen bleibt humorvoll, auch wenn es um geistliche Themen geht. „Sünder“ gibt er Journalisten gegenüber gerne als Beruf an. Einmal erklärt er sogar, er sei „ein großartiger Sünder“. Das erinnert an den Ratschlag des Reformators Martin Luther: „Sündige tapfer“ – schließlich könnten auch gläubige Menschen ja gar nicht anders, als zu sündigen und auf die Gnade Gottes zu vertrauen. Der Mensch sei „Gerechter und Sünder zugleich“, lautet Luthers weise Erkenntnis. Auch Cohen beschäftigt sich zeitlebens mit dem Thema „Sünde“. 1974 hatte sein väterlicher Freund und Dichterkollege Irving Layton ihn schon so beschrieben, dass es in ihm „einen Widerstreit zwischen dem Heiligen und dem Sünder“ gebe: Einerseits habe sich Leonard immer nach Heiligkeit gesehnt, andererseits hatte er „sicher auch einen hedonistischen Zug, wie fast jeder Dichter oder Künstler. Das kommt daher, dass der Künstler sich ganz dem Genuss verschrieben hat, und zwar vor allem dem Genuss, den er anderen verschafft“. Doch wenn dabei auch für ihn selbst ein bisschen abfalle, „dann umso besser“.

Das Älterwerden nagt nicht sonderlich an Cohen. Es macht ihn weiser und verleiht seiner Kreativität neue Tiefe. Die Texte seiner Lieder bekommen den Charakter einer spirituellen Rückschau. Er habe „viele Sakramente aus mancher Hand“ empfangen, meint er einmal, er könne aber die vermeintlichen Lehrer mit ihrem „täglichen Gerede“ nicht als Vorbilder anerkennen. Eher sieht er sich „ganz allein“ vor „G-tt“ stehen (dessen Namen er in jüdischer Tradition nicht ausschreibt), „nächtelang allein“ mit den „Engeln des Herrn“, habe er „die Bücher der Liebe“ beiseitegelegt. Cohens Weltenschmerz verbindet sich in solchen Momenten mit der Leidenschaft eines biblischen Propheten. Er könne nicht mehr, schreibt er. Wie sehr bräuchte es Hoffnung für die Bedürftigen und „Beschränkungen für die Reichen“. Cohen beklagt „die Lügen, die sie streuen / über G-tt / als wären sie die Herrn“, und beschreibt das Leid der Welt: Kriege, vermisste Kinder, Hunger, Mord, Vergewaltigung – „Lord, it's almost like a

Blues“. Immer deutlicher bekennt Cohen seinen Glauben als tröstlich und stärkend: „Geheiligt werde Dein Name, Dein Name sei gepriesen. Er steht auf meinem Herzen in brennenden Buchstaben."

Blicke er auf sein Leben zurück, sagt er einem Freund, sehe er eine höhere Macht am Werk. „Selbst wenn es Entscheidungen gab – in Wirklichkeit wurden mir diese Entscheidungen vorgeschlagen."

Ein großes Projekt hat er noch vor sich. Er will ein Buch fertigstellen. Mit großer Akribie sammelt er Gedichte, Songtexte und Notizen. Dazu Skizzen und Zeichnungen

aus seinen Notizbüchern, die er immer mit sich geführt hat. Auch einen Eintrag vom 19. Februar 2002 legt er dafür heraus, am Frankfurter Flughafen hatte er geschrieben: „Ich möchte beten, fünfmal am Tag, und das tue ich. Ich möchte leben, als lebte G-tt durch mich an dich." Auch diese Notiz ist ihm viel wert: „Ich bin weder Weiser, Rebbe, Roshi noch Guru. Wenn einige meiner Songs einen Augenblick leicht für dich machen, erinnere dich bitte daran."

Unaufgeregt und in spiritueller Ehrfurcht nimmt Cohen den eigenen Tod in den Blick. „You Want It Darker" nennt er seine letzte CD, „Du willst es dunkler". Der Titelsong ist ein inniges, haderndes Gebet zu Gott: „Verteilst du die Karten, verlass ich das Spiel. Du willst es dunkler. Wir ersticken die Flammen." Das wirkt finster – als gäbe es nicht einmal einen Riss, durch den Licht hereinkommen kann. Dennoch gibt Cohen sich Gott hin, mit biblischen Worten. Trotz aller Zweifel verlässt er sich auf die Kraft, die seine jüdische Glaubenstradition birgt: „Geheiligt und gepriesen sei Dein Himmlischer Name. Hineni – Hier bin ich, o Herr." Das erinnert an das Kaddisch, eines der wichtigsten jüdischen Gebete, auch ein Totengebet; im Hintergrund des Titelsongs singt denn auch der Synagogenchor aus Cohens Heimatgemeinde in Montreal. In einem anderen Lied der CD wirkt Cohen versöhnt mit Gott, dessen Liebe für ihn ein Licht in der Nacht ist. Ohne Gottes Liebe, so Cohen, „würde die Sonne ihre

Strahlen verlieren“, wir würden „in endloser Nacht vegetieren und es gäbe nichts mehr zu fühlen“. So düster und leer würde ihm die Welt erscheinen, wenn es Gottes Liebe nicht gäbe.
Auf der Pressekonferenz zur CD plaudert Cohen im Oktober 2016 launig. „Ich glaube, ich habe neulich gesagt, ich sei bereit zum Sterben. Ich glaube, ich habe übertrieben. Von Zeit zu Zeit befällt einen die Selbst-Dramatisierung. Ich möchte ewig leben.“

Dass sich der Tod nicht umgehen lässt, hat er gerade schmerzlich erfahren. Marianne, seine langjährige Liebespartnerin, ist gestorben. Im Sommer hatte Cohen die Nachricht erhalten, Marianne liege im Sterben. Blutkrebs. Sofort schrieb er ihr einen Brief: „Liebste Marianne, ich bin nur ein kleines Stückchen hinter dir, nah genug, um deine Hand zu nehmen. Mein alter Körper hat aufgegeben, ganz so, wie es deiner getan hat, und es kann nur noch Tage dauern, bis der Räumungsbescheid abgeschickt wird. Ich habe deine Liebe und deine Schönheit nie vergessen. Aber das weißt du. Ich muss nicht mehr sagen. Gute Reise, alte Freundin. Wir sehen uns am Ende der Straße. In Liebe und Dankbarkeit, Leonard.“ Ein Freund las Marianne den Brief Cohens vor. Kurz darauf starb sie.

Cohen schreibt ein weiteres Gedicht über sie. „Moving On“ ist eine bewegende Liebeserklärung für Marianne.

„Ich liebte dein Gesicht, deine Haare, deine T-Shirts und Abendkleider", schwelgt er in Erinnerungen und erklärt, dass er von ihrer Schönheit beherrscht worden sei. „Jetzt bist du fort, wer macht weiter?"
Dieses und weitere Gedichte nimmt er im Studio auf. Er hat eine Verabredung mit seinem Sohn Adam getroffen. Der soll zu den Gedichten Musik aussuchen, komponieren und produzieren. Die Auswahl hat, wie die Songs für „You Want It Darker", melancholisch-zuversichtlichen Abschieds-Charakter. Cohen spricht die Texte mit der Ahnung: Auf sein letztes Album wird – vermutlich nach seinem Tod – dieses allerletzte folgen. Seine Stimme könnte den Menschen dann wie eine Stimme aus dem Jenseits vorkommen. Mit Adam bespricht er die Ideen zu den Melodien, zur Instrumentierung und zum Charakter der Songs. Auf keinen Fall soll es ein Album werden, auf dem sich aussortiertes Material findet. Etwas Großes, Eigenes soll entstehen.

Texte hat Cohen noch viele im Kopf – und, über Jahre gefeilt, in seinem Notizbuch. Zum Beispiel „The Night of Santiago". Schon lange hatte er ein Gedicht von Federico García Lorca im Sinn: „Die untreue Hausfrau". Darin beschreibt der Dichter ein erotisches Rollenspiel mit einer verheirateten Frau. Sie beteuert, sie sei Jungfrau – eine Lüge, um Lorcas Begierde zu steigern. Die beiden gehen an einen Fluss und geben sich einander hin. García, Cohens Dichtervorbild seit Jugendjahren, hat ihn oft inspiriert; während seiner Zeit im Zen-Kloster hatte er seine Gedichte bei sich – auch das über die erotische Fluss-Szene in Santiago. Cohen hatte bereits ein eigenes Gedicht dazu geschrieben. Es war 2006 in dem psalmartigen Sammelband „Book of Longing“ – „Buch der Sehnsüchte“ erschienen. Oft zitiert er es, auch vor Sohn Adam. Der fleht ihn an, endlich ein Lied daraus zu machen. Nun, im geschwächten Zustand, erfüllt Leonard ihm den Wunsch – fast. „Ich werde das Gedicht in einem bestimmten Tempo rezitieren und du schreibst die Musik dazu und versuchst, die Geschichte zu erzählen“, sagt Leonard und nimmt den Text auf. Er malt wieder neue Bilder, spricht von „Glühwürmchen, die sich auszogen“, von Brustwarzen, die sich ihm „wie Brot“ entgegenreckten, und von der Nacht, die wie eine „Narzissenmachete“ dem Morgen wich. Cohens alte, sonore Stimme lässt die Szene wie zu einer wehmütigen Erinnerung gefrieren. Vermutlich weiß Produzent Adam Cohen bei der Aufnahme schon, dass er später eine spanische Laute dazu spielen lassen wird.

Auch das Anfangsgedicht aus seinem Gedichtband spricht Cohen: „Book of Longing“. Zum Erscheinen des Buchs im Jahr 2006 hatte er es schon vertont und während eines Radio-Interviews gespielt (diese Version ist noch auf YouTube zu hören). Nun, mit dem neuen Titel „The Hills“, wird das Gedicht zu einer Art Lebensbeichte. Alle Themen, um die Cohen kreist, sind enthalten: Begehren, Depressionen, Chaos, Zweifel – und die Sehnsucht nach Erlösung, die er lange in erotischen Eskapaden suchte.

Zu Cohens Vermächtnis-Texten gehört noch ein weiteres Gedicht aus dem „Buch der Sehnsüchte“. „Puppets“ ist eine düstere Deutung des Schicksals der Juden während der deutschen Nazi-Herrschaft. „Deutsche Puppen verbrannten Juden“, heißt es in der deutschen autorisierten Übersetzung, „Judenpuppen mussten bluten“. Am Ende des Textes steht die Frage im Raum: Sind alle Akteure, Täter wie Opfer, nur Marionetten höherer Mächte?

In „Happens to the Heart“ geht Cohen mit sich ins Gericht. Er habe immer gearbeitet und es nie Kunst genannt, erzählt er, er habe unter großen Mühen Christus getroffen und Marx gelesen. Viele Frauengeschichten habe er erlebt, nun sei es an der Zeit, zu fragen: „What happend to the heart“, also: Welche Spuren hat sein Leben im Herzen hinterlassen? Das sei die wichtigste Frage, die ihn umtreibe. Cohen fabuliere hier „wie ein arktischer Leuchtturmwächter, der beim Psalmenvortrag leise sein muss, um die Eisbären nicht zu wecken“, staunt drei Jahre später Joachim Hentschel in der Süddeutschen Zeitung und nennt den Text „eine tolle poetische Beichtstuhlszene, bei den schönsten Lügen hört man förmlich sein Spottlächeln“.
Im schunkeligen Dreiviertel-Sprechrhythmus bedankt sich Cohen dann bei einer Frau für den Tanz, der nun vorbei sei. „It was hell, it was swell, it was fun“: Der Tanz habe ihn durch die Hölle geführt, aber „es war toll, es hat Spaß gemacht!“ Das Leben als Tanz – eine tröstliche Vorstellung. „Thanks for the Dance“ wird auch das Album heißen, das 2019 erscheint und als Cohens Vermächtnis gilt.

Der Text „The Goal" („Das Ziel") lässt jenseits vieldeutiger Poesie auf Cohens tatsächlichen körperlichen wie seelischen Zustand schließen. „Ich kann mein Haus nicht verlassen", erzählt er ohne Klage. Sogar ans Telefon zu gehen falle ihm schwer. Er betreibt rückblickende Seelenschau, sortiert, was in den „Müll" gehört und was sich „voll ausgezahlt" hat. Wer den Text hört, sieht im Geist unwillkürlich Leonard Cohen melancholisch und todesbereit im Stuhl am Fenster sitzen; er beobachtet den Nachbarn, weiß, dass er weder Schnee noch Regen noch seinen Tod aufhalten kann. „Ich bin fast zu Hause", sagt er, „I'm almost at home."

Cohen weiß tatsächlich, dass er bald sterben wird. Er leidet an Leukämie, derselben Krankheit, an der auch Marianne starb. Der Krebs schwächt ihn und verursacht Blutgerinnungsstörungen.
In der Nacht des 7. November stürzt er in seinem Haus in Los Angeles. Danach legt er sich wieder ins Bett. Er stirbt im Schlaf.

Drei Tage später wird sein Körper nach jüdischem Ritus auf dem Friedhof seiner Gemeinde in Montreal bestattet.

Rechts: Grabstein auf dem Waldfriedhof in Montreal
am 7. November 2017, dem ersten Todestag Cohens
S. 135: Juli 2007, Paris

LEONARD
COHEN
1934 – 2016
KUSSNER
פ נ
IN LOVING MEMORY OF
LEONARD COHEN
AGED 82 YEARS
ת נ צ ב ה

Anhang

Zeittafel

1934	21. September: Leonard Norman Cohen wird in Montreal geboren.
1944	Cohens Vater Nathan stirbt.
1949	Cohen liest Gedichte Lorcas – und beginnt selbst zu schreiben.
1951	Immatrikulation an der McGill-University für „Englische Literatur", Abschluss 1955
1956	Erstes Buch: „Let Us Compare Mythologies"
1959	Stipendium; Reise nach England und Hydra, wo er sich ein Haus kauft
1960	Begegnung mit und Liebe zu Marianne Jensen, geb. Ihlen
1967	Erster musikalischer Live-Auftritt in New York
1968	Erstes Album „Songs of Leonard Cohen"
1969	Begegnung mit dem Zen-Meister Roshi Joshu Sasaki; Begegnung mit Suzanne Elrod
1970	Europatournee
1972	Sohn Adam wird geboren.
1973	Auftritte vor israelischen Soldaten während des Jom-Kippur-Kriegs
1974	Tochter Lorca wird geboren.
1978	Cohens Mutter Masha stirbt.
1993	bis 1999: Aufenthalt im Zen-Kloster Mount-Baldy
1996	Ordination zum Mönch, Name: Jikan (Stille)
1999	Reise nach Indien
2000	bis 2016 Liebesbeziehung mit Anjani Thomas
2001	Comeback mit dem Album „Ten New Songs"

2006	„Book of Longing" („Buch der Sehnsüchte") erscheint.
2007	Geburt des ersten Enkels, Cassius Lyon, Sohn von Adam
2008	Beginn mehrerer Welttourneen
2011	Prinz-von-Asturien-Preis für Literatur
2014	Schwester Esther stirbt.
2016	28. Juli: Marianne Ihlen stirbt. 7. November: Leonard Cohen stirbt in seinem Haus in Los Angeles an den Folgen einer Leukämieerkrankung. 10. November: Beisetzung auf dem jüdischen Friedhof Montreal

Bücher

1956	Let Us Compare Mythologies
1961	The Spice-Box of Earth
1963	The Favourite Game (deutsch: Das Lieblingsspiel, 1972)
1964	Flowers for Hitler (deutsch: Bumen für Hitler, 1971)
1966	Beautiful Losers (deutsch: Schöne Verlierer, 1970)
1972	The Energy of Slaves (Deutsch: Die Energie von Sklaven, 1975)
1978:	Death of a Lady's Man (deutsch: Letzte Prüfung, 1982)
1984	Book of Mercy (deutsch: Wem sonst als dir, 1985)
2006	Book of Longing (deutsch: Buch der Sehnsüchte, 2008)
2018	The Flame (deutsch: Die Flamme, 2018)

Alben (Auswahl)

1967	Songs of Leonard Cohen
1969	Songs from a Room
1971	Songs of Love and Hate
1973	Live Songs
1974	New Skin for the Old Ceremony
1977	Death of a Ladies' Man

1979	Recent Songs
1984	Various Positions
1988	I'm Your Man
1992	The Future
2001	Ten New Songs
2004	Dear Heather
2010	Songs from the Road
2012	Old Ideas
2014	Popular Problems
	Live in Dublin
2016	You Want It Darker
2019	Thanks for the Dance

Bücher über Leonard Cohen

Battegay, Caspar: Leonard Cohens Stimme, Berlin 2024
Devlin, Jim (Hg.): Leonard Cohen in eigenen Worten, Heidelberg 2002 (Zitatsammlung)
Friedman, Matti: Wer durch Feuer. Krieg am Jom Kippur und die Wiedergeburt Leonard Cohens, Berlin 2023
Graf, Christof: Zen und Poesie. Das Leonard-Cohen-Lexikon. The Cohenpedia. 4 Bände, Oldenburg u.a. 2018ff
Haberl, Wolfgang: Die Macht der Worte, Waiblingen 2019
Kubernik, Harvey: Everybody Knows, London 2015
Leibovitz, Liel: A Broken Hallelujah. Rock and Roll, Redemption and the Life of Leonard Cohen, New York 2014
Nadel, Ira: Leonard Cohen. Ein Leben für die Poesie, Höfen/Österreich 2000
Simmons, Sylvie: I'm Your Man. Das Leben des Leonard Cohen, München 2014
Walsh, Brian J.: Rags of Light: Leonard Cohen and the Landscape of Biblical Imagination, Eugene (USA) 2024

Filme (Auswahl)

Ladies and Gentlemen – Mr. Leonard Cohen (Kanada 1965)
Bird on a Wire (Großbritannien 1974)
Leonard Cohen: I'm Your Man (USA 2005)
Leonard Cohen: Live at the Isle of Wight 1970 (USA 2009)
Marianne & Leonard: Words of Love (USA 2019)
Hallelujah: Leonard Cohen, A Journey, A Song (USA/Kanada 2021)
So Long, Marianne – Eine Leonard-Cohen-Serie, 8 Folgen
(Norwegen/England/Deutschland/Kanada/Griechenland 2024)

Internet-Links

www.Leonardcohenfiles.com
1995 von einem finnischen Fan begründete und bis heute gut gepflegte Website mit unfassbar vielen Informationen, Bildern und Links.

www.leonardcohen.com
Offizielle Website, verantwortet von SONY
Von dort aus wird auch die Facebook-Seite betreut:
https://www.facebook.com/leonardcohen/

www.leonardcohen.de
Seite des Cohen-Kenners und -Sammlers Christof Graf, der sein Wissen auch in Form der „Cohenpedia" veröffentlicht (s.o.)

Podcast

So long, Cohen. Beautiful Loser und Weltstar Leonard Cohen. Podcast von Diviam Hoffmann und Denise Fernholz, 6 Folgen, 2024, www.ndr.de

Fotonachweis

S. 14: Wikimedia/Marek Koudelka CC BY-SA 4.0
S. 33: Rama/wikimedia CC BY-SA 2.0 fr
S. 37: Bjørn Glorvigen/Riksarkivet (National Archives of Norway) / wikimedia
S. 62: Pressefoto „Hallelujah: Leonard Cohen, a Journey, a Song", PROKINO 2022
S. 63: oben: © Dominique Boile
unten: Takahiro Kyono/wikimedia CC BY 2.0
S. 64: © Dominique Boile
S. 65: © Dominique Boile
S. 76: Pressefoto „Hallelujah: Leonard Cohen, a Journey, a Song", PROKINO 2022
S. 79: © Isaak Shokal
S. 86: Wikimedia/Gorupdebesanez CC BY-SA 3.0
S. 123: Rama/wikimedia CC BY-SA 2.0 fr
S. 129: Pressefoto „Hallelujah: Leonard Cohen, a Journey, a Song", PROKINO 2022
S. 135: © Dominique Boile
S. 137: BlaueWunder/wikimedia CC BY-SA 4.0

Wir danken Dominique Boile für die freundliche Abdruckgenehmigung.

Uwe Birnstein im Verlag Neue Stadt

Das packendes Lebensbild des frommen »Man in Black«, der viele Höllen durchlitt und doch am Glauben festhielt.
160 S., geb,. SW-Fotos
ISBN 978-3-7346-1319-7

Bob Dylan: Rock-Poet mit Literaturnobelpreis, einer, der Irdisches und Himmlisches verschmelzen lässt.
192 S., geb., 17 SW-Fotos
ISBN 978-3-7346-1268-8

Spirituelle Spuren bei Udo Lindenberg: der Panik-Rocker von einer überraschenden Seite. 136 S., geb., teils ganzseitige SW-Fotos
ISBN 978-3-7346-1293-0

Auch als Hörbücher, gelesen vom Autor:
ISBN 978-3-7346-1279-4 ISBN 978-3-7346-1297-8

Hintergründe zu 25 Friedenssongs, u. a. von Bad Religion, P!NK, Reinhard Mey, Herbert Grönemeyer, Joan Baez.
124 S., kt., 25 SW-Fotos
ISBN 978-3-7346-1285-5

Hintergrundgeschichten zu 25 der bekanntesten Weihnachtssongs der Rock- und Popgeschichte.
124 S., kt., 25 SW-Fotos
ISBN 978-3-7346-1326-5

Termine & Infos zu Konzertlesungen von Uwe Birnstein unter:

neuestadt.com birnstein.de